ज्ञान गरिमा के
68 वर्ष

भारतीय
ज्ञानपीठ



णाणं
पयासयं

वीर निर्वाण
2470

ई.सन्
1944

भारतीय ज्ञानपीठ

# सूत की कहानी

(कविता-संग्रह)

# सूत की कहानी

गोपाल कमल

भारतीय ज्ञानपीठ

**लोकोदय ग्रन्थमाला : ग्रन्थांक 1153**
ग्रन्थमाला सम्पादक
**रवीन्द्र कालिया**
सह-सम्पादक
**गुलाबचन्द्र जैन**

**ISBN 978- 93-263-5053-2**

**सूत की कहानी**
(कविता-संग्रह)
**गोपाल कमल**

**पहला संस्करण : 2012**
**मूल्य : 320 रुपये**

प्रकाशक : **भारतीय ज्ञानपीठ**
18, इन्स्टीट्यूशनल एरिया, लोदी रोड, नयी दिल्ली-110 003

मुद्रक : चार दिशाएँ, नोएडा

आवरण-सज्जा : ज्ञानपीठ कला प्रभाग



SOOT KI KAHANI
(Poetry)
by Gopal Kamal

Published by
Bharatiya Jnanpith
18, Institutional Area, Lodi Road
New Delhi-110 003
e-mail : jnanpith@satyam.net.in, sales@jnanpith.net
website : www.jnanpith.net

**First Edition : 2012**
**Price : Rs. 320**

# भूमिका

झीनी-झीनी बीनी चदरिया
काहे के ताना काहे के भरनी
कौन तार से बीनी चदरिया।

—कबीर

अति मलीन वृषभानु कुमारी।
हरि-श्रम-जल कंचुक तन भीजे,
ता लालच न धोवावत सारी।

—सूरदास

साधु चरित सुभ चरित कपासू।
निरस बिसद गुनमय फल जासू।।
जो सहि दुख पर छिद्र दुरावा।
बन्दनीय जेहिं जग जस गावा।।

—तुलसीदास

प्राचीन साहित्य खासकर कविता में कपास, सूत और विविध वस्त्र रूपों के अनेक सन्दर्भ भरे पड़े हैं। हिन्दी की मध्यकालीन कविता के ये मात्र तीन दिलचस्प उदाहरण हैं। पर सच तो यह है कि कपास और सूत के इतिहास की किताब के आदिम पन्ने लुप्त और अप्राप्त हैं। वह भी न जाने कब से। अत: अनुमान का ही सहारा सम्भव है। विश्व की जितनी प्राचीन सभ्यताएँ हैं प्राय: सभी के प्रारम्भिक इतिहास में ऊन और कपास के सूत से बने वस्त्रों का जिक्र कमोवेश मिलता है। इसमें भारत और मिस्त्र की सभ्यताएँ खास उल्लेखनीय हैं। सूती कपड़ों में इन्हें विशेष महारत हासिल थी। सिन्धु घाटी की सभ्यता उच्चकोटि के वस्त्रों से परिचित थी, इसके अनेक विश्वसनीय साक्ष्य इस सभ्यता के विशेषज्ञों के पास उपलब्ध हैं। चीन यद्यपि रेशम और उसके वस्त्रों से बहुत पहले से परिचित था पर सूती वस्त्रों से उसका परिचय ईसा की दूसरी सहस्त्राब्दी के प्रारम्भिक सदियों में हुआ, ऐसा उसकी प्राचीन सभ्यता के विद्वानों का विचार है।

ईसा की कई सदियों पूर्व भूमध्य सागर के तटीय देशों में भारत के सूती कपड़ों

का यह प्रताप था कि अन्तरराष्ट्रीय व्यापार में उसे व्यापारिक विनिमय में सबसे विश्वसनीय माध्यम के रूप में प्रयोग किया जाता था। यहाँ तक कि दास-दासियों के खरीद-फरोख्त और आर्थिक दंड के भुगतान के लिए भी वह इस्तेमाल होता था। सुदूर अतीत में मिस्र की नील घाटी की सभ्यता, खासकर पुराने काहिरा के आस-पास की खुदाइयों में मिली कब्रों के आच्छादन के रूप में प्रयुक्त भारतीय वस्त्रों की चिन्दियाँ यह प्रबल संकेत देती हैं कि दिक् और काल की ज्ञात सीमाओं के परे भारतीय वस्त्रों का प्रसार कितना व्यापक और वैश्विक था। धातु के उपकरणों खास कर बर्तनों और सूती वस्त्रों के निर्माण का उद्योग ईसा के जन्म के कई शताब्दियों पहले इतना विकसित और उच्च कोटि का था कि भारतीय अर्थ व्यवस्था की इन क्षेत्रों में उपलब्धियों के सामने विश्व की दूसरी समकालीन उन्नत सभ्यताओं की तत्कालीन उपलब्धियाँ फीकी प्रतीत होती हैं। भारत-निर्मित धातु की वस्तुओं, सूती वस्त्रों और मसालों के निर्यात और विनिमय में मिले सोने-चाँदी और रत्नों से जो अपार समृद्धि देश में लगातार आती रही उसी से प्रेरित हो इसे सोने की चिड़िया कहा जाने लगा था। यह शब्द चाहे-अनचाहे सन्दर्भों में असंख्यात बार इस्तेमाल किए जाते रहने से जाने कब का एक पिष्टोक्ति (क्लीशे) बन गया है। इसकी चमक लगभग खो गयी है। पर यूनानी यात्री मेगस्थनीज से लेकर जितने भी अरब, चीनी और योरोपीय यात्री भारतीय उपमहाद्वीप में समय-समय पर 17वीं शताब्दी के अन्त तक आये, उन सबके वर्णन हमारी तत्कालीन समृद्धि के साक्षी हैं। इसमें हमारे सूती वस्त्रों के उत्पादन से जुड़े उद्योग और उनके भारी निर्यात का अपूर्व योगदान रहा है।

भारतीय सूती वस्त्र मात्र कोरे और सफेद ही नहीं बनते थे, उनकी रँगाई-छपाई और उन पर चित्रकारी की कला भी ईसा पूर्व कई सदियों से भलीभाँति विकसित होती रही। रँगाई और छपाई का काम वनस्पतियों के रंग से होता था। रासायनिक रंग सुदूर अतीत में अकल्पनीय थे। साधारण कपड़ों पर जहाँ छपाई गाढ़े गोंद के घोल के सहारे लकड़ी के फूलपत्तियों और चिड़ियों के साँचों से की जाती थी वहीं महीन ओर उच्चकोटि के कपड़ों पर कलम और कूँची से चित्रकारी का प्रचलन था। सूती और आगे चलकर रेशमी वस्त्रों पर कशीदाकारी की कला भारत में बहुत पुरानी नहीं है। सम्भवतः यह ईरानियों के साथ चौदहवीं-पन्द्रहवीं सदी में भारत पहुँची। भारत के रँगरेजों की प्रतिष्ठा बहुत पहले से दुनिया भर में फैली हुई थी। ऐसा माना जाता है कि मिस्र के लोगों ने ईसा पूर्व सदियों में कपड़ों की रँगाई की कला भारत के रँगरेजों से सीखी थी। रंगीन भारतीय कपड़े योरोप, अफ्रीका और भूमध्य सागर के देशों में मात्रा में ईसापूर्व सालों में लगातार पहुँच रहे थे। भारत के पक्के रंग के कपड़ों के साथ कई किंवदन्तियाँ और मुहावरे जुड़ गये थे। सेंट जेरोम ने चौथी सदी में जब बाइबिल का अनुवाद किया तो उससे उपजे विवेक के स्थयी प्रभाव की तुलना

उन्होंने भारतीय कपड़ों के कभी भी न उड़ने वाले रंग से किया था। ईसा की पहली सदी में स्थापित चर्च और आगे चलकर फैली उसकी शाखाओं–प्रशाखाओं से जुड़े पादरी समाज के लगभग सभी वर्ग की वेषभूषा के लिए भारत–निर्मित सफेद सूती वस्त्र ही उपयोग में आते थे। सीलसिथ के ऐंग्लो सैक्सन नस्ल के चर्च समूह से जुड़े ईसाईद धर्म की शाखा के धर्मगुरुओं की एक सभा में यह खास हिदायत दी गयी थी कि पादरी समाज को भारतीय रंगो से रंगों कपड़ों के प्रयोग से बचना चाहिए। इस का पता आठवीं सदी के एक शिलालेख से चलता है जिसमें उक्त सभा में लिये गये निर्णयों के आधार पर पादरी समाज की आचार–संहिता के लिए निदेश दर्ज हैं। ऐसे अनेक साक्ष्य हैं जिससे पश्चिम के कोने–कोने में भारतीय रँगे–छपे कपड़ों की व्याप्ति का पता सुदूर अतीत में चलता है।

सूती कपड़ों की रँगाई–छपाई में जो प्राकृतिक रंग प्रयुक्त होते थे उसमें सबसे व्यापक और लोकप्रिय रंग लाल था। यह रंग मजीठ (संस्कृत मंजिष्ठा) नामक लता की जड़ों और डंठलों को उबालकर तैयार किया जाता था। स्थायी अनुराग को सांकेतित करने के लिए मजीठ के रंग की उपमा कवियों में अत्यन्त लोकप्रिय रही है। इस प्रसंग में सन्त कवि पल्टू साहब का यह दोहा ध्यान देने योग्य है—

पल्टू ऐसी प्रीति कर
ज्यों मजीठ को रंग।
तार–तार कपड़ा उड़ै,
तबहुँ न छाँड़े संग।।

ठंडी जलवायु के कारण पूरे पश्चिमी संसार में चमड़े और ऊन के परिधानों का प्रचलन था। पश्चिमी देशों को सूती कपड़ों से भलीभाँति परिचित हिन्दुस्तान, मिस्त्र और तुर्की ने ईसा की दूसरी सहस्राब्दी के प्रारम्भ में कराया। सूती कपड़ों के साथ सूत भी खासकर तुर्की से इंग्लैंड समेत सभी पश्चिमी देशों में लगभग उसी समय पहुँचने लगे थे। सत्रहवीं शताब्दी में थोड़े बहुत सूती कपड़े भी पश्चिमी देशों में आयातित सूती धागों से बनने लगे थे। अट्ठारहवीं सदी के सातवें दशक तक कताई–बुनाई के काम हाथ से हथकरघे पर किये जाते थे। उस सदी के आठवें दशक में भाप के इंजन के आविष्कार ने व्यापारिक उत्पादन का पूरा परिदृश्य एक क्रूर झटके से पूरे विश्व खासकर पश्चिम और उसमें भी इंग्लैंड में बदल कर रख दिया। अपने ललाट के पसीने से आजीविका अर्जित करनेवाले सरल–सच्चे मनुष्य के जीवन में उसे असहाय बना देने वाले मशीन–तन्त्र का यह पहला दुर्दान्त प्रवेश था। मशीन के सामने एकाएक निरीह और असहाय वन गये मनुष्य की दारुण नियति से गहरी संवेदना के आत्मीय तार से आगे चलकर जुड़नेवालों में गाँधी अग्रणी हैं। मशीन के विरोध का गाँधी का जीवट अद्‌भुत और अनुपम है।

मशीनों के खिलाफ गाँधी के दर्द की बेहतर समझ के लिए थोड़ा कार्ल मार्क्स (1818–1883) की ओर भी मुड़ना होगा। यह जानकारी नयी नहीं होगी कि गाँधी मार्क्स की अनेक स्थापनाओं, निष्कर्षों और सिद्धान्तों से सहमत नहीं थे। पर वह समाज के दबे-कुचले और चर्चित बहुसंख्यक वर्ग— सर्वहारा के प्रति उनकी (मार्क्स की) करुणा और गहरी चिन्ता के अनन्य प्रशंसक थे। उन्नीसवीं सदी के पूर्वार्ध में इंग्लैंड समेत समूचे योरोप में हथकरघा पर बुनाई करनेवाले बुनकरों की जो दारुण स्थिति बन गयी थी, उस पर मार्क्स ने गहरी अन्तर्दृष्टि से विचार किया है। सन् 1776 में भाप के इंजन का इंग्लैंड में आविष्कार हो गया था। यह सभ्यता के विकास में सम्भवत: पहला ऐसा क्रान्तिकारी वैज्ञानिक आविष्कार था जिसने मुनष्य को अत्यन्त निरीह और नाचीज बना दिया था। इंग्लैंड में अठारहवीं सदी के अन्तिम दशक में कताई-बुनाई के हाथ से किए जाने वाले काम भाप के ईंजन की सहायता से चलने वाली मशीनों— पावरलूम से किए जाने लगे थे। इसके फलस्वरूप सदियों से इस धन्धे से जीविका अर्जित करने वाले श्रमिक अब भयावह रूप से बेकार हो भुखमरी के कगार पर पहुँच गये थे।

इंग्लैंड की मशीनों से चलने वाली मिलों से तैयार माल से फ्रांस ओर जर्मनी समेत योरोप के लगभग सभी देशों के बाजार पटने लगे थे। नतीजतन वहाँ के श्रमिक भी बुरी तरह बेरोजगार होकर भुखमरी के शिकार हो रहे थे। सीरिया, अर्मेनिया, पर्सिया (फारस) और चीन तक के कपड़ा उत्पादन ठप हो गये थे। वहाँ के श्रमिकों के मुँह के निवाले भी एकाएक छिन गये थे। हिन्दुस्तान तो इंग्लैंड का अभिशप्त उपनिवेश था ही। अत: यहाँ के हथकरघा श्रमिकों के हाथ पहले ही काट लिए गये थे। कार्ल मार्क्स के जन्म के लगभग सात साल पहले उपर्युक्त परिस्थितियों की पृष्ठभूमि में भाप के इंजन के जन्मदाता इंग्लैंड में ही एक व्यापक स्वत:स्फूर्त जन-आन्दोलन अँगड़ाई लेने लगा था। इसकी शुरुआत नटिंघम शायर में नवम्बर सन् 1811 में हुई। मरता क्या न करता की उक्ति पूरी तरह चरितार्थ होने लगी थी। इस तरह पावरलूम के कारण बेरोजगार और भूखमरी के शिकार बुनकर रात में हजारों की संख्या में एकजुट हो पावरलूम मिलों के ताले तोड़कर उनकी मशीनों को तहस-नहस करने लगे थे। यह विश्वास था कि इस आन्दोलन के प्रेरक एक काल्पनिक मिथकीय चरित्र जनरल लुड थे, जिन्हें इंग्लैंड के मध्यकालीन बागी लुटेरे रॉबिन हुड का आध्यात्मिक उत्तराधिकारी माना जा रहा था। रॉबिन हुड की छवि एक ऐसे दबंग की थी जो धनी लोगों को लूटकर गरीबों की सहायता करता था। जनरल लुड से प्रेरित आन्दोलनकारियों को 'लुडाइट' कहा जाने लगा था। यह आन्दोलन शीघ्र ही दूसरे शहरों में भी फैल गया। जून सन् 1812 तक एक हजार से अधिक पावरलूम नष्ट कर दिए गये। आन्दोलन को दबाने के लिए पन्द्रह हजार से भी अधिक सशस्त्र

सैनिक लगाने पड़े। मार्क्स की वेधक इतिहास-दृष्टि से इंग्लैंड के हथकरघा बुनकरों की दारुण नियति कैसे छिपती? उन्होंने इसमें वर्ग-संघर्ष की एक ज्वलन्त मिसाल देखी थी। उन्होंने गहरी संवेदना और अन्तर्दृष्टि से लिखा—

"इंग्लैंड के हथकरघा बुनकरों के क्रमशः लोप की प्रक्रिया कई दशकों तक चली और सन् 1838 में उनकी नियति पर अन्तिम मुहर लग गयी। इनमें बहुत से तो भूख से मर गये।... इंग्लैंड के कपड़ा उद्योग की मशीनरी ने अपना तीखा प्रभाव हिन्दुस्तान पर भी डाला। सन् 1834-35 में गवर्नर जनरल ने अपनी रिपोर्ट में लिखा, "(हिन्दुस्तान के बुनकरों को) भीषण दुर्दशा की दूसरी मिसाल वाणिज्य के इतिहास में नहीं मिलेगी। कपड़े के बुनकरों की हड्डियों से हिन्दुस्तान के मैदान सफेद होते जा रहे हैं।"

'हिन्द स्वराज' में जिस शिद्दत से गाँधी मशीनों की निन्दा करते हैं उससे साफ है कि मार्क्स की ही तरह वह भी इस कड़वे सच से अच्छी तरह परिचित थे कि इंग्लैंड की कपड़ा मिलों की मशीनें सिर्फ अभिशप्त उपनिवेशवासियों ही हड्डियों पर ही नहीं बल्कि अपने अभागे देशवासियों की लाशों पर भी खड़ी थीं। उनके पास समृद्धि और चमक-दमक मात्र कुछ के लिए ही थी, शेष के लिए दरिद्रता, अन्धकार और कलह-कोलाहल ही थे। उनकी संरचना और विनाश तथा संगठन और विघटन के मूल में हिंसा थी। गाँधी का 'हिन्द स्वराज' इससे जूझने का दीप्त संकल्प और स्वप्न है।

मार्क्स ने उन्नीसवीं सदी के प्रारम्भिक दशकों में हिन्दुस्तान के कपड़े के बुनकरों की जिस दारुण नियति की ओर स्वयं तत्कालीन अँग्रेज गवर्नर जनरल की रिपोर्ट के आधार पर संकेत किया है उसका ज्ञान गाँधी को दादाभाई नोरोजी (1825-1917) और रमेश चन्द्र दत्त (1848-1909) की किताब क्रमशः 'पॉवर्टी एन्ड अनब्रिटिश रूल इन इंडिया' तथा 'इकोनामिक हिस्ट्री ऑफ इंडिया' से हुआ था। हिन्द स्वराज के मशीन से जुड़े अध्याय में गाँधी बताते हैं कि रमेश चन्द्र दत्त की पुस्तक पढ़ते समय वह रो पड़े थे। विदेशी माल की भरमार से पूरे देश का एक बहुत बड़ा हिस्सा रोजी-रोटी के साधनों से वंचित हो जाने के फलस्वरूप न केवल आर्थिक विपन्नता का शिकार हो गया था बल्कि वह नैतिक दृष्टि से भी लगातार पतन के गर्त में गहरे गिरता जा रहा था। गाँधी इससे अच्छी तरह परिचित और आहत थे। 'यंग इंडिया'। सितम्बर, 1921 के अंक में वह लिखते हैं कि गुजरात के काठियावाड़ क्षेत्र के अछूत माने जाने वाले बुनकरों के मुँह के निवाले जब विदेशी कपड़ों ने छीन लिये थे, तो किस तरह उन्हें अपने परिवारों के साथ रोजी की तलाश में अपना घर-गाँव त्याग कर दर-दर भटकना पड़ा था। उनका एक बड़ा वर्ग बम्बई आ कर भंगी का काम और सड़कों पर मजदूरी करने के लिए मजबूर हो गया था। वहाँ उनकी

बहन-बेटियों को अपनी इज्जत तक का सौदा करना पड़ता था जिसके मूक दर्शक बने रहने को वह विवश थे। आगे गाँधी पंजाब के स्वामिमानी बुनकरों का उदाहरण देते हैं। विदेशी कपड़ों ने उनके जीविका के भी सम्मानजनक साधन उनसे छीन लिये थे। उसके फलस्वरूप उन्हें भाड़े के सैनिकों के बतौर अँग्रेजी सेना के अफसरों की नौकरी करनी पड़ती थी। उन अफसरों के आदेश पर उन्हें निर्दोष-अरबों की हत्या का जरिया बनना पड़ता था। अब तो उन्हें उनके हत्यारे पेशे से अलग कर पाना निहायत दुश्वार था। उन्हें फिर तो बुनकर का अपना पुराना परम्परागत व्यवसाय असम्मानजनक लगने लगता था। 'यंग इंडिया' के उक्त लेख में गाँधी बताते हैं कि ढाका के बंगाली बुनकर जब विश्वप्रसिद्ध शबनम जैसा वस्त्र बुनते थे तो उसे असम्मानजनक नहीं माना जा सकता था।

हिन्दुस्तानी दस्तकारी और उद्योग धन्धे की युगों पुरानी परम्परा के औपनिवेशिक दुश्चक्र के चलते विनाश की प्रकिया और उनके कारण बहुत जटिल नहीं थे। मुगलों के लम्बे सुव्यवस्थित प्रशासन के दौरान 16वीं सदी से लेकर 18वीं सदी के बीच देश के विभिन्न उद्योग धन्धों की शानदार उन्नति हुई। देश के उत्पादन का लगभग 27 प्रतिशत निर्यात होता था। उससे अर्जित व्यापक समृद्धि के किस्से पूरी दुनिया में फैल रहे थे। कोलम्बस और वास्को डि गामा जैसे पश्चिम के अनेक महत्त्वाकांक्षी साहसी समय-समय पर इस सोने की चिड़िया की तलाश में समुद्र-मार्ग से लगातार निकल रहे थे। अठारहवीं सदी के प्रारम्भ में औरंगजेब के देहान्त के साथ देश के केन्द्रीय शासन की पकड़ इस बीच ढीली पड़ने लगी थी। मुफस्सिल इलाकों के क्षेत्रों की महत्त्वाकांक्षाएँ जोर मारने लगी थी। इसकी खबरें भी व्यापारियों के जरिये सुदूर पश्चिम के देशों में पहुँच रही थीं। सबसे पहले व्यापारिक महत्त्वाकांक्षा से दीप्त अँग्रेज की नजर इधर पड़ी। सन् 1600 में स्थापित उनकी ईस्ट इंडिया कम्पनी इनके वर्चस्व-स्थापना की सुचिन्तित यात्रा में पहला पड़ाव थी। फ्रांस, हालैंड और पुर्तगाल शीघ्र ही उनके प्रतिद्वन्दी सिद्ध होने लगे। पर बेहतर नौसैनिक शक्ति के कारण अन्ततः इंग्लैंड के सामने दूसरे योरोपीय देश यहाँ टिक नहीं सके। सन् 1776 में इंग्लैंड में भाप के इंजन के आविष्कार के फल स्वरूप कपड़े का उत्पादन वहाँ पावर लूम पर होने लगा। उनकी उत्पादन क्षमता कई गुना ज्यादा था। उनकी कच्चेमाल की भूख लगातार बढ़ रही थी। उसकी आपूर्ति हिन्दुस्तान से ही होनी थी। इसीलिए हिन्दुस्तान के हस्तशिल्प और कुटीर उद्योग का विनाश जरूरी था। इस तरह अठारहवीं सदी में हिन्दुस्तान के अनौद्योगीकरण की प्रक्रिया पूरी तेजी से अन्यन्त क्रूरत के साथ चलाई गयी। स्पष्ट है हिन्दुस्तान के पश्चिम प्रेरित अनौद्योगीकरण की प्रक्रिया मुगलों के वर्चस्व और उनके केन्द्रीय प्रशासन के निरन्तर होते ह्रास के साथ-साथ चली। दरअसल इंग्लैंड की औद्योगिक समृद्धि हिन्दुस्तान के हस्तशिल्पियों के

अस्थिपंजरों पर खड़ी थी।

गाँधी इस वस्तुस्थिति के बारीक से बारीक पहलुओं से पूरी शिद्दत से परिचित थे। दक्षिण अफ्रीका से जब वह अन्ततः हिन्दुस्तान जनवरी 1915 में लौटे तो निरन्तर नयी-नयी ईजाद होती मशीनों की सहायता से लगातार फलते-फूलते इंग्लैंड के उद्योगों से हिन्दुस्तान के अर्थिक शोषण की धार तेज से तेजतर होती जा रही थी। उनके सामने अब दो महत्त्वपूर्ण उद्देश्य थे। पहला था स्वदेशी का प्रचार-प्रसार जिससे आर्थिक शोषण से लड़ा जा सके और दूसरा था देश के शासन में अधिक से अधिक हिन्दुस्तानियों की भागीदारी। अभी पूर्ण स्वराज की माँग में विलम्ब था। ब्रिटिश राजमुकुट के अधीनस्थ कनाडा और आस्ट्रेलिया जैसी एक अर्थ में सीमित स्वायत्तता की बात ही कांग्रेस के अधिवेशनों में उठायी जा रही थी। इस दिशा में लखनऊ का सन् 1916 का कांग्रेस अधिवेशन ऐतिहासिक माना जाता है। इसमें गाँधी एक पर्यवेक्षक के रूप मे शामिल हुए थे। उसकी कार्यवाहियों में उन्होंने भाग नहीं लिया था। प्रथम विश्व महायुद्ध अभी जारी था। उसमें सेना में भर्ती होने के लिए गुजरात के युवकों को प्रोत्सहित करने के लिए उन्होंने दूर-दराज के गाँवों की यात्राएँ भी की थीं। निश्चय ही यह कार्य उनकी अन्तरात्मा के विरुद्ध था। अतः वह अवसादग्रस्त हो गये थे। उस अवसाद से मुक्ति हेतु उन्होंने अँग्रेजों के औपनिवेशिक शोषण से जूझने के लिए सुनियोजित स्वदेशी अभियान का संकल्प लिया। पेट की रोटी के बाद तन ढँकने का वस्त्र मनुष्य की सबसे बड़ी जरूरत थी। और उसकी आपूर्ति हमारे ही कच्चे माल से निर्मित कपड़े से उसकी कमर तोड़ ऊँची कीमते वसूलते हुए इंग्लैंड की मिलें कर रही थीं। स्वदेशी का नारा सन् 1906 में वंग-भंग के विरोध में चले देश व्यापी तेजस्वी आन्दोलन के दौरान भी बुलन्द हुआ था। पर वह दरअसल एक भावनात्मक नारा मात्र बनकर रह गया। उसके लिए कोई सुनियोजित रणनीति विकसित नहीं हो पायी थी। स्वदेशी के सन्देश के प्रचार-प्रसार के लिए और उसे अमली जामा पहनाने के लिए गाँधीजी ने सुविचारित योजना तैयार की।

ब्रिटिश उपनिवेशवाद के प्राण उसके व्यावसायिक हितों में बसते थे। इसे गाँधी से बेहतर बहुत कम लोग समझते थे। अतः उस पर स्वदेशी के जरिये आघात दरअसल दुर्दान्त उपनिवेशवाद की जड़ों पर ही आघात था। जनवरी 1915 में जब वह हिन्दुस्तान लौटे थे तो उन्होंने अपने राजनीतिक गुरु गोपाल कृष्ण गोखले को दिये वचन के अनुसार देश के मानस और उसकी समस्याओं को गहराई से समझने की कोशिशें की थीं। उन्होंने पूरे साल भर किसी समस्या पर मुँह न खोलने का संयम बरता था। साल भर न बोलने के वचन की अवधि जनवरी 1916 में पूरी हुई। फरवरी 1916 में गाँधी समग्र में जो तीन प्रारम्भिक भाषण मिलते हैं, वह स्वदेशी की परिभाषा, उसके अर्थ और उसके व्रत पर ही केन्द्रित हैं। फरवरी 1916 के मध्य

में उन्होंने स्वदेशी पर ईसाई मिशनरी के अधिवेशन मद्रास, वाई.एम.सी.ए. मद्रास और गुरुकुल कांगडी में तीन महत्त्वपूर्ण बीज भाषण दिये। उसमें मिशनरी के अधिवेशन में दिया गया भाषण विशेष उल्लेखनीय है। इसलिए भी क्यों कि मिशनरी प्रचारकों की औपनिवेशिक सम्प्रभुओं के साथ दुरभिसन्धि जगजाहिर थी। पर इस पर जल्दी कोई मुँह खोलता नहीं था। आगे चल कर गाँधी ने इस पर काफी साफगोई से बेलाग ढंग से लिखा। इस तथ्य को पोप जॉन पाल द्वितीय ने भी काफी बाद में अपनी पुस्तक 'क्रासिंग दि थ्रेशहोल्ड ऑफहोप' में 'ईमानदार पार दर्शिता के साथ स्वीकार किया है। भाषणों और लेखों में सतत आन्दोलित सौर-मंडल (सोलर सिस्टम) से किया है जिसके केन्द्र में चरखा और हाथ से कते-बुने खादी के वस्त्र गाँधी ने स्वदेशी आन्दोलन की तुलना कई सूर्य सदृश भास्वर हैं। उन्हें पता था कि गरीब आदमी के लिए विदेशी कपड़ों का वहिष्कार कर उसकी जगह स्वदेशी की व्यवस्था करना बहुत कठिन था। अत: कम कपड़े में काम चलाने के लिए उन्होनें पुरुषों को राय दी कि वे कमर से ऊपर का हिस्सा गर्मी के मौसम में न ढँकें। उन्होंने बताया कि भारतीय संस्कृति ने कभी भी पूरुषों द्वारा कमर के ऊपर का हिस्सा ढँकने पर जोर नहीं दिया। इसे उन्होंने ने स्वयं कर दिखाया। 29 सितम्बर 1920 के 'यंग इंडिया' में उन्होंने घोषित कर दिया कि 31 अक्टूबर के बाद वह कमर से ऊपर सिर की टोपी समेत कोई परिधान नहीं पहनेंगे। जरूरत पड़ने पर चद्दर के इस्तेमाल का विकल्प उन्हें मान्य था। अपना निर्णय जब उन्होंने चक्रवर्ती राज गोपालाचारी को बताया तो उन्होंने (राजाजी ने) आशंका व्यक्त की कि कहीं इसे लोग पागल की खब्त न समझने लगें। पर इक्यावन वर्षीय गाँधी अपने फैसले पर अडिग रहे। वह न केवल स्वयं एक धार्मिक अनुष्ठान की तरह नियामित नित्यप्रति चरखा कातते थे बल्कि करोड़ों देशवासियों को इसीलिए उन्होंने प्रेरित भी किया। उनके विदेशी माल के बहिष्कार और विदेशी वस्त्रों की होली जलाने के देशव्यापी आन्दोलन से असहमत रवीन्द्रनाथ ठाकुर से उनका इस विषय पर विस्तृत पत्र-विनिमय हुआ। यहाँ तक कि गुरुदेव को भी नियमित चरखा कातने की राय देने से वह नहीं चूके। कई मुद्दों पर वैचारिक रूप से उनसे असहमत भद्रलोकीय रुझान के तरुण तेजस्वी नेता सुभाषचन्द्र बोस और जवाहरलाल नेहरू भी नियमित चरखा कातने लगे थे। पूरे देश में चरखा और खादी का जाल बिछ गया था। चरखे को एक ओर गाँव का गरीबी से और दूसरी ओर औद्योगिक आर्थिक उपनिवेशवाद से लड़ने के एक अत्यन्त सफल हथियार के रूप में उन्होंने इस्तेमाल किया। शीध्र ही उसकी तुलना विष्णु के सुदर्शन चक्र से की जाने लगी थी। इस तरह गाँधी ने देश के सदियों के दु:ख-दैन्य के अन्धकार-पुंज के पास को धुन कर प्रकाश का सूत कातते हुए नग्न मनुष्यता को ढँक दिया था—

''सदियों का दैन्य-तमिस्र-तोम
धुन तुमने कात प्रकाश-सूत,
हे नग्न, नग्न नरता ढँक दी।''
—सुमित्रानन्दन पन्त

स्वदेशी आन्दोलन के दौरान चले चरखे और खादी के प्रचार-प्रसार के परिणाम शीघ्र ही दिखने लगे। गाँधी के नेतृत्व में चले विदेशी माल के बहिष्कार और स्वदेशी अभियान पर सजग दृष्टि रखने वाली एक अँग्रेज बुद्धिजीवी महिला ब्लॉन्श वैटसन ने लन्दन की प्रतिष्ठित पत्रिका का 'यूनिटी' में 16 नवम्बर 1922 को छपे अपने लेख में बताया या कि इन आन्दोलनों के फलस्वरूप हिन्दुस्तान में आन्तरिक राजस्व में 7 हजार करोड़ डॉलर और इंग्लैंड पहुँचने वाले राजस्व में 2 हजार करोड़ डॉलर की गिरावट मात्र एक ही वर्ष में दर्ज की गयी थी। लंकाशायर और मानचेस्टर की कपड़ों की मिलें हिन्दुस्तान में माल न बिक पाने के कारण एक के बाद एक बन्द होने लगी थीं। भारी संख्या में उनमें काम करने वाले श्रमिक बेकार होते जा रहे थे। इंग्लैंड के उद्योग जगत और श्रमिकों में इसके परिणामस्वरूप गाँधी और उनके सहयोगियों के प्रति गहरा आक्रोश था। अक्टूबर 1931 के मध्य गाँधी जब प्रथम गोल मेज सम्मेलन में भाग लेने लन्दन पहुँचे थे तो लंकाशायर की कपड़े की अधिकांश मिलें बन्द पड़ी थीं। सम्मेलन के दौरान वह राजकीय अतिथि थे। पर उन्होंने बन्द मिलों के मजदूर संगठन के कार्यालय के अतिथि निवास में रुकने का निर्णय लिया। मजदूरों के आक्रोश को जानते हुए गाँधी की सुरक्षा के लिए चिन्तित लन्दन की पुलिस उनके इस निर्णय के सख्त खिलाफ थी। पर गाँधी की जिद के आगे उन्हें झुकना पड़ा। मजदूर बस्ती में प्रवास के दौरान गाँधी ने न केवल मजदूरों का बल्कि उनके परिवारजनों का भी दिल अपनी सरलता और निश्छलता से जीत लिया था। उनकी सभाओं में उन्होंने समझाया कि उनकी बेरोजगारी से वह दुःखी हैं। पर कम-से-कम उनके यहाँ कोई भूखा-अधभूखा और नंगा-अधनंगा नहीं था जब कि हिन्दुस्तान में ऐस लोग अनगिनत थे।

गाँधी आँकड़ों से लैस थे। उन्होंने मजदूर-संघ को बताया कि उनके यहाँ बेरोजगारों की संख्या तीस लाख थी जब कि हिन्दुस्तान में उनकी संख्या लगभग तीस करोड़ थी। इंग्लैंड के मजदूरों को बेरोजगारी भत्ता 70 शिलिंग प्रति मास के दर से मिल रहा था जब कि हमारी कुल औसत आय 7 शिलिंग 6 परसेंट प्रतिव्यक्ति प्रतिमाह थी। इन भूखे अधभूखे करोड़ों हिन्दुस्तानियों का ईश्वर रोटी में बसता था। उन्होंने अपनी प्रसिद्ध उक्ति इसी सभा में ही कही थी कि ईश्वर में भी हिम्मत नहीं है कि वह भूखे के सामने रोटी के अलावा किसी और शक्ल में उपस्थित हो सके। उन्हों ने उपसंहार करते हुए कहा था कि इस दारुण दरिद्रता से मुकाबला करने के लिए ही उन्होंने हिन्दुस्तान की जनता के हाथ में चरखे का अस्त्र दिया है। स्वयं कमर

में धोती लपेटे इंग्लैंड की जनता के सामने वह भूखे अधभूखे और अधनंगे हिन्दुस्तान के प्रतिनिधि के रूप में ही उपस्थित थे।

गाँधी की बात दिल से निकली थी। इसीलिए उसका असर हर दिल पर बहुत गहराई तक हुआ। सभा की समाप्ति पर मुग्ध अभिभूत आबालवृद्ध हुजूम गाँधी से न केवल हाथ मिलाने बल्कि उनके गले लगने के लिए आतुर हो उठा था। चकित पुलिस की समस्या अब आक्रोश से नहीं बल्कि अभिभूत जन समुदाय के प्रेम से गाँधी की रक्षा करने की थी। गाँधी के प्रेम लपेटे अटपटे बैन ने पासा पलट दिया था। मजदूरों और उनके परिवार जनों से घिरे समय के जो चित्र हैं तथा उनमें उनके चेहरों पर जो अभिभूत आनन्द का भाव है, उसका वर्णन गद्य में असम्भव-सा है। कोई रस। सिद्ध समर्थ कवि ही उसके साथ न्याय कर सकता है।

गाँधी के नेतृत्व में चले लगभग साढ़े तीन दशकों के जनआन्दोलन में चरखे, उससे कतेसूत और उसी से हाथ के बुने वस्त्र से खादी की केन्द्रीयता निरन्तर बनी रही। खादी को पं. जवाहरलाल नेहरू ने स्वतन्त्रता सेनानियों की वर्दी कहा था। उसी सूत और सूती वस्त्र को रोमांचक यात्रा। कथा का इतिहास के अरण्य से सन्धान गोपाल कमल की कृति का उपजीव्य है। इसमें दर असल सूत की दिक्काल-यात्रा का काव्यमय मानचित्र रचने का विरल प्रयास है। व्यक्तिगत सन्दर्भों और स्मृतियों ने रचना को नितान्त आत्मीय बना दिया है। कृति की शुरुआत ही निर्जला एकादशी का व्रत रखे एकवस्त्रा माँ की तरल स्मृति से होती है। इसमें जड़ आँकड़े भी हैं जो निःशब्द-निस्पन्द सांख्यकी की मुर्दार चमड़ी में कहीं अलक्ष्य बने पड़े रहते हैं। पर व्याख्या का संस्पर्श मिलते से मूक वाचाल हो उठते हैं। श्लेष की कौतुक क्रीड़ा रचना के अनेक स्थलों पर लक्षित होती है। 'सूत उवाच' कृति का नाम दरअसल श्लेष का ही कौतुक है। सूत का 'सूत' रचनाकार स्वयं है। रचना में कालिदास, कबीर, तुलसी, नाभदास और रैदास आदि की पदचाप अक्सर सुनाई पड़ती है। और 'ह्यूमर' की कमी तो कतई नहीं है। 'सूत उवाच' के साथ 'जूत उवाच' तो गजब लगता है। कृति में गाँधी अपने 'हिन्द स्वराज' चरखे, सूत और खादी के साथ साथ जगह-जगह दीप्तमान हैं। कवियों को संस्कृत के काव्याचार्यों ने 'निरंकुश' कहा है। वह निरंकुश जिद गोपाल कमल में कतई कम नहीं है। जो बातें ललित गद्य में सम्भव थीं उन्हें रचनाकार ने कविता के कलेवर में सफल बनाने का जोखिम उठाया है। और इस दुस्साहासिक जोखिम का परिणाम प्रीतिकर सिद्ध हुआ है। कृति के विषय का अनूठापन निश्चय ही उसे अनूठा बनाता है। रचनाकार का आगे का रचनामार्ग प्रशस्त हो, इस मंगल कामना के साथ।

नवरात्रि वीरेन्द्र कुमार बरनवाल

(सप्तमी शुक्ल पक्ष) 29.3.2012

# अनुक्रम

## सूत निर्गन्ध

सूत निर्गन्ध 23
सूत की चुप्पी 24
हिन्द महासागर का व्यापार 25
खतो-किताबत 26
डाइवर्जेंस और नेटवर्क्स 27
नाटक बनता तो लगता है। पर पूरा है क्या? 29
इतिहास का मोम 30
नयी धुन 32
इक बंजारा 33
माँगे शिव से पार्वती जी 34
शिवत्व में कोई लोप नहीं 37
करण-कारण 38
सूत उवाच 39
गण-नौ-गणकौ 42
दक्ष-यज्ञ विध्वंस 45
मेरा देश बड़ा हठयोगी 48

## ग्लोबल सूत्र का तन्त्र-जाल

एक लोहा... 53
चन्द हसीनों के खतूत 54
हंस ध्वनि 56
...उपजा पूत कमाल 57
बुआ का बॉबी 58
हमने हर पद को, प्रत्यय को 60

## मदात्यय


अनौद्योगीकरण तत्त्व, पुरातत्त्व 63
राग-रंग 66
पट्टचित्र का क्या हो माध्यम 70
ऊन का कानून 72
नद-जल व्यापार 73
पंचमुखी 74
कपड़ों का कैनवास 75
वैश्वीकरण के हैं मुद्दे कई 76
हवा का हिन्दुस्तान 77
अन्तर्वस्त्र 78
हम्माम में 80
लत्ता रे लत्ता 81
मुक्तवेणी याज्ञसेनी 82
मरु-कथा 84


## रंगों की लुका-छिपी


रपट में लुका-छिपी रंग-अनंग 87
छींट पे सोनचिरैया 89
जान गये थे चतुर सुजान 91
एक दौर था, एक दौड़ थी 94
सोलहवीं का स्वप्न-भंग 96
करघा, जुलहा 97
पश्चिमी अफ्रीका में कॉटन : वोले शोयंका 101
व्यापार का विस्तार 102
आजकल इतिहास ही खत है 104
यह लगा भीम अभियोग 107
किन्तु और परन्तु बोले 112
आधा है चन्द्रमा... 113
बात आधी... 114
काउन की मार्टिन को चिट्ठी 115
अफ्रीकन तट पर शंकर 117
इक सूरत की अजब कहानी 120

## सागर का मत्स्य न्याय

दिऊ बन्दर की उछल कहानी 125
दु दुल्हिन... 126
मुंबई - मेहता - मोम्बासा 128
हाजी, गिरमिटिया और बलमा (1834-1937) 132
रोमन मन धारित जो भारत 133
शंखों का आकाश नील है 134
सार्वकालिक बन्दगाह 135
कब होंइहे गउनवा हमार 137
फरास की खाड़ी 138
द स्पिन 139
बुद्ध की अस्थियाँ एवम् अवशेष 140
कपड़ा, देखो! बनता सिक्का 141
कोंकण के कूट 142

## कहाँ का ताना कहाँ की भरनी

मध्य काल 145
सूद पर भी कहाँ मिले 146
सूत और ऊन 147
और्ण स्वप्न 148
कबीर और बेटी 149

## स्वप्नान्तराल

स्वप्नान्तरिता 153
स्वप्न दिवा 155
सपनों से वैरोचन 157

## चलब मजफ्फरपुर से मोतिहारी

मजमा-ए-मुजफ्फरपुर 161
सड़कों के सपने नौतल्ला 163
रैयत का बयान 165
जीरात भवानीपुर 166

...जिसने गुलाब रंग कीना दुपट्टा मोरा! 167
मुकदमा-ए-मोतिहारी 170
एक अध्याय नील का भी 174
नील की वंशी 175
कवि का कहिहैं चम्पारण के 176
हम जानत नइखीं सारण के! (करिंगा) 177
साम्राज्य का स्वेच्छाचार 178
खुद्दीराम से गाँधी जी तक 179
लोग-बाग 180
नदी की बाँक पर 181
पटना कॉलेज की गोद में 182
कवि का मजमा 184

## गाँधी और मैं

मोल तो मैंने लीनी चदरिया 187
कौड़ी संग संग दो पूजा क्षण 188
क्या-क्या पहना? क्या पहनाया? 191
छींट पर सपना 192
सब्जपरी 193
बर्तानी पियाले में तूफान 194
सात मसाले 195
रँगरेजी / अँगरेजी 197
रंग उड़ गये ढंग फिर गये 198
नील 199
अफ्रीका में नील 200
सूत का संस्कार 201
मॉनसून का मानसरोवर 203
सुराज 204
जम्बूद्वीपे जम्बूसरे 205

## ...शताब्दियाँ पार करते हैं

...शताब्दियाँ पार करते हैं। 209
अठारहवीं सदी की स्याह रात 210
अठारहवीं सदी का मध्य 212

उन्नीसवीं सदी की नयी दुल्हनियाँ 213
हुक्मनामा 214
बोले कि... 215
साढ़े तीन : वीर, प्रतिशत 216

## उपानह उपाख्यान (जूता उवाच)

पाँय उपानह को नहिं 219
कपिला 221
कपिला 1084 222
चर्मण्वती 223
जूते की माँ 226
नाक पे रूमाल 227
अनाघ्राय के चार अध्याय 228
महाश्वेता 229
आत्मतत्त्व का घनत्व 230
आन उपानह 231
बाप को फिट, बेटे को हिट 232
द इम्पायर 234
छपास 235
शुभ्रता 236
बी.टी. का आत्मतत्त्व 237
लाभ-लोभ 239
चंडी पाठ : जूता गाँठ 241
रंग स्थापक 245
खेत खाये गदहा 247
रंग न जाए 249
गर ढेऊआ हो नहीं जेब में 250
खत-रपट-अनुनाद 251
घट-घट सुन्दर 253
भारतीय सूत 254
अर्थ-अनर्थ की घूर्णि : टेकुरी 256
टेकुरी! गतिमान भव! 258०
चित जेथा भवशून्य... 259
मुद्दे 260

# सूत निर्गन्ध

# सूत निर्गन्ध

निर्जला एकादशी
एकवस्त्रा माँ की देह की गन्ध में
कितना कपास था कितना सूत,
याद नहीं,
पर गन्ध तो बसी ही है न मन में
तन में, जीवन में!

भारत माँ भी तो हो गयी थी एकवस्त्रा
बिना किसी विधान, संविधान के
दो-तीन सौ साल का, पीछे का क्रम था
पर बेटों को कहाँ है याद
सूत की, कपास की
कताई की, छपास की

गन्ध आहूत है
माला है, सूत है।
भूलने के कारण कई—
विपन्न इतिहास की सारी करतूत है।

# सूत की चुप्पी

भारतीय सूत का कपड़ा केवल व्यापार की वस्तु नहीं, भारत की कला-परम्परा का वाहक रहा है। और पहचान उसकी पूरे अजायब अल हिन्द में रही है। और अलहिन्द के पूरे विस्तार में। पूर्वी अफ्रीका के तटों और भीतरी प्रदेशों से ले कर यूरोप के सभी देशों में व्यापार/व्यवहार का प्रकोप-सा था। रोमन समय में उल्लेख से कानून की हदबन्दी तक। भारत का सूती कपड़ा प्लिनी, 1660-1680 के दशकों में सूती वस्त्रों का उपयोग कम करने के अनेकानेक कानून बने थे, का शिकार रहा है।

आग्नेय एशिया के प्रान्तों में, मन्दिरों में कपड़ों का डिजाइन पूरी तरह से मौजूद है। मोटिफ/प्रारूप के रूप में आने से पूर्व, चलन में रहना तो होता ही था किन्तु सूती डिजाइनों का वैविध्य एवं उनकी बहुप्रकारता सब को आकर्षित करती रही है।

बेरेनिके के पास सूती कपड़ों की ढेरी में बुनावट से लोगों ने उनका भारतीयपन सिद्ध किया है। प्राचीनतम जखीरों में कैरो (फुस्टाट) का बड़ा जखीरा यूरोप के संग्रहालयों में अतिप्राचीन समझा जाता है। बीसेक साल में भारतीय सूत के रँगरेजीपन को औद्योगिक क्रान्ति का प्रमुख कारक एवं वाहक माना जाने लगा है।

इन सब पर बन्दरगाह-दर-बन्दरगाह एक उड़ती नजर डालते हैं तथा पुराने इतिहास में सूत की चुप्पी को बहस का बिन्दु बनाते हैं। नये रिसर्च से निकलीं नयी चीजें। नये अनुसन्धान में, वी.ओ.सी., फ्रेंच, अँग्रेजी ईस्ट इंडिया कम्पनी के कागजातों की परख करके विज्ञानों के निष्कर्ष प्रस्तुत करने का ईमानदार प्रयास।

## हिन्द महासागर का व्यापार

यह सागर तो शुरू से ही ग्लोबलाइज्ड है। वैश्वीकरण की भूमिका, आकाशिका सब वहीं से शुरू हुई है। व्यापार की मुख्य वस्तुएँ बदलती रही हैं। कौन-सी वस्तु कब 'विलासिता की सामग्री' होने से आम जरूरत की चीज बन जाय—यह कई प्रकार की बातों पर निर्भर करता था। उत्पादन में वृद्धि के कई कारण हो सकते हैं। नयी तकनीक का सुलभ हो जाना, अन्य कारकों का प्रभावी होना, किसी दूसरी वस्तु की आमद में कमी का होना आदि आदि।

सूती कपड़ा अपना व्यापारिक स्वरूप बदलता रहा है।

क्यों? और कैसे?

इसी से सम्बद्ध यह पुस्तक है, विशेषकर भारतीय सूती कपड़ों के व्यापार के विस्तार से। और इसमें दूसरी चिन्ताएँ भी व्याप्त हैं। अर्थनीति पर नौरोजी से तीर्थंकर राय तक की सूझ से समन्वित।

## खतो-किताबत

खत से सब इतिहास बना करता था
अब इतिहासों में खत बनने का ही मन है!
संख्याविद् के चंगुल से छूटे तो—किन्तु,
हो सपाट बयानी ऐसा कोई नहीं चलन है!

वो बुत, खतूत सब उड़े कबूतर संग, गये
जा कर कम्पनियों के कब्जे में पहुँच गये
ये भाषाओं का भेद, अनामा गर्भगृह—
उन सबसे कौन निकाले, उनमें भाव पढ़े
औ' उन सबसे इतिहास गढ़े— यह तो प्रण है।

पर सारे प्रण पूरे होते हैं किधर, भाई
फिर डूबे भी होंगे, गायब भी होंगे ही
होते, तो बचे खुचों से क्या कितना मिलता
कुछ सिनागॉग में, चर्चों में, मीनारों में
पैपिरस भी, मुजरिस के अब तो गये पढ़े खोजी फन है!

पर पूरी एक किताब बने खत-सा जिन्दा
उसमें गलती से, किसी तरह इतिहास घुसा
ऐसा कुछ करने का मन मेरा करता है
यह जो पढ़ते हैं उसमें सब कुछ बुझा बुझा
कुछ इनको सर्व करे, कुछ उनको कभी कभी
यह बड़ा छुपा दोगलापन है!
अब इतिहासों में खत बनने का ही मन है!

# डाइवर्जेंस और नेटवर्क्स

कहीं किसी भी समीकरण में, नहीं मैसाकर,
  कहीं खून का दाग नहीं है!
कहीं किसी भी ग्राफ, विषमताओं के याँ वाँ
घुटा हुआ था, दबी हुई आवाज नहीं है!

कैसी नेटवर्किंग, लोगों का मिलना-जुलना
  अकस्मात् है?
      कस्मै देवाय?
नये पुराने बही-खातों में विवरण हैं
  पर नहीं ज्ञात है
      क्यों कर आये!

लूट-पाट है
मुख्य; समन्दर भी पाइरेसीग्रस्त
टिकट है, जाने देंगे व्यापारी को मालसहित
या कम कर लेंगे—
  अति ख्यात है!
      क्या बुझवाए?

दो श्रेणी में बँटे लोग हैं
पहले मिलना जुलना करते, किन्तु अकड़ देखी है बाद की?
स्वेज नहर है! अपन जनानी
  आवत जात है: सद्यःस्नात है
फिर बदलाए!

क्या बतलाए

गदर हुआ या, एंटिस्लेवरी बिल होना था
कारण नये इमिग्रेशन का, नयी गुलामी की
कितनी तो
        कथा व्याप्त है
नये करण को, समीकरण को
नेटवर्किंग के वेटेज से
        कुछ क्या समझाए?

## नाटक बनता तो लगता है। पर पूरा है क्या?

हाँ, सूत के सात युग खड़े हो कर गाते हैं। पन्द्रहवीं से इक्कीसवीं तक
भारत की एकवस्त्रा कहानी है!
और भीम का अनावरण! अज्ञातवास की कहानी भी लम्बी है।
सशक्त भी है। नये व्यायोग हैं। मध्यमा का मार्ग है। शोध है। प्रज्ञ हैं!
स्थित भी हैं।

गान्धारी को गाँधी भी मिलते हैं।
गाँधी चम्पारण में जाते हैं। नील का सूत से गहरा नाता है
गान्धारी को गाँधी का रंग कहाँ भाता है? हाँ! हर बक्से पर खून है।
गाँधी ने वैसे स्वयं को कृष्ण का अंश मानने/मनवाने से मना किया था
पर यहाँ गाँधी का अफ्रीका आता है पूरे गणवेश में, जो
दक्षिणी अरब सागर के व्यापार में भारत के सूत से गुँथा था।

अफ्रीका को गाँधी मिले पहले। पूर्वराग।
अनौद्योगीकरण के बयानों से गाँधी हिल गये थे।
नौरोजी, रमेशचन्द्र दत्त की किताबें उन्हें रुला गयी थीं।
हिन्दुस्तान का स्वरूप मिले, स्वराज मिले,
तो अफ्रीका का भी सुधार हो, स्वराज की कल्पना हो!

लड़ाई आर्थिक मुद्दों की है। अभी महाभारत खतम नहीं हुआ है।
परीक्षित, अश्वत्थामा सब कहीं न कहीं व्रण लेकर बैठे हैं।
लीपातोपी चल रही है।
ब्रिटिश रेल तथा अखबार का गुणगान बीच में होता रहा है।
नये इतिहासकार अभी निर्मम नहीं हो पाये हैं।
मोम कभी-न-कभी पिघलेगा।
नये रूपाकार प्रकट होंगे। आनन्द रास भी होगा।

## इतिहास  का मोम

तुम एक इतिहास लिखो निर्मम
वह जिसे गुनकर हिल जाएँ सभी स्थावर, जंगम

वह आर्थिक हो, पर अर्थवान
इतिहास तभी सामर्थ्यवान
जब भेद सुझा दे क्यों धाराएँ
बहीं उस तरफ, जो न ध्यान
में आ पाता है; यूँ ही उलट गयी धारा क्यूँकर
यमुना को छोड़ बही गंगा तो क्या संगम?

अनुदार क्यों रहे? क्यों विदेश
की मदद माँगता था स्वदेश?
क्यों रहे बनाते बड़े बड़े ही बाँध
लौह युग का प्रवेश
क्यों पुनः हुआ? क्या रोग लगा
क्यूँ स्क्यूड था पूँजी निवेश?

क्यूँ पूँजी लगी उन उद्योगों में
दे पाते जो न तुरत रिटर्न
क्यूँ कंज्यूमर गुड में न लगी
भारी उद्योग बड़ा कन्सर्न

तुम वही बताओ बात, बड़ी
जो नीति कहे, तब निर्धारण का

वह भेद। अभेद करो अब तो।

क्यों चढ़ा भूत? क्या निर्वासन
है मिला आजतक? नहीं ।
पुन: होगा वैसा ही निर्वाचन
कब नीति बनी निर्धारक?
जनतन्त्रों में होता यही चलन।

क्या था फैशन? क्या अर्थनीति?
क्या विद्वानों में नया चलन?
वे कलन चलन से बहुत प्रभावित
थे, गणितज्ञों का वाचन
जब अर्थशास्त्र में हुआ; मूल सब भूल गये
आया; चादर पे काम करें क्या? झालर ही झालर लटके

हैराड, डोमर को बतलाते है
नीति निवेशों के कर्ता ;
चयनों में चलन नया फैशन
सैंतालिस से चौसठ, हर्ता
दु:ख का न हुआ लेकिन विनाश
भारी उद्योगों का विकास

इतिहासों में यह नव प्रवेश
शायद हो कुछ धुँधला अस्पष्ट
वैसे मोमों की चीजों का
क्या? हो जाती हैं तुरन्त नष्ट

## नयी धुन

इतिहासज्ञ कलामर्मी की जुटी जात है
क्या जमात है?

उनमें से उनको ढूँढ़े जो है जिन्दादिल
कुछ कहने को कह दें पर वह भी जो मुश्किल से
कहा जा रहा— उसको तो आसान करे, वो
औ' उनको भी बोधगम्य करने में हो शामिल

ऐसी कोई भी मुहिम चले—
तो नयी बात है

संख्याओं में खंडों में बँटते अक्सर, पर
इक ज्वलन्त हरियाली बिजली का फ्यूज तार
इन सभी कालखंडों में होता व्याप्त उसे
जो किसी तरह भी पकड़े वह ही सदाचार

बन्दिश ऐसी ही पिघले
तब ही तो सितार है।

## इक बंजारा

बंजारा जो चुप रहता था, ऊँटों, गधों लाद-लाद कर
रसद, रकम पहुँचाना युग से
अब गाता है, कोई पहाड़ी राग पुराना

शिव पर्वत पर,
कथा कहें तो
सुने उमा
औ शुक
गाये सूत
सरस्वती को मिला एक पूत
आशीषें झरतीं
डगरों की गन्ध उभारे
चीड़, नम्र गिरि के
रस्ते हैं बाँह पसारे
बस चलना है
जो मन आये, गुनना है।

युग आएगा
धुन मिल गयी तो
खुद गाएगा!

# माँगे शिव से पार्वती जी

शिव ससुराली
ज्यादा बसते हिमवानों पर
कोई न छप्पर!
लोमश ऋषि-से—
नहीं बनाया गेह;
न मोह ग्रसित बाघाम्बर

पार्वती जी और्ण काल से
माँग रही थीं
अरे! दिगम्बर
संग घूमने चलूँ, मँगा दो
कोई चद्दर
सूती, खादी
चटख रंग की, छींट छाप की
टाइ डाई की, नये माप की
मर्त्यों में तो कपड़ों से उत्सव लगता है।

मुम्बा में कालबा देवी का एक भगत है
अलख जगाता,
सूरत से या
सारखेज से
अमदाबादी सूट दिला दो
या साड़ी ही
कोई ताँत की

ना! ना!! तन्तु शास्त्र ना पढ़ना
संग चलूँ तो लोग मुड़ें औ' देखें फिर फिर
वाह! क्या पहना!!

ऐसा भाव मर्त्य तो पाते
देव-लोक ही मात्र गन्ध से भर भर जाते
कहने को तो अमर! किन्तु क्या मर ना जाते!

जरा चलो! देखूँ तो हिन्द महासागर का लफड़ा
आर्क्टिक में तो एक कोई 'नरेश मेहता' था
समयदेवता की सीमाएँ पुनः देखने को मन करता
पिघल रही जो बरफ
लोग के बीच तो पिघले
ध्रुव प्रदेश की पिघली तो
कई राह बनेंगी नयी
किन्तु मर्त्यों में जल से ज्यादा तेल चाहना देखी
कहाँ कहाँ से खींच खींच कर अब उलीचते
अपने सेतुबन्ध को बाँधे नये-नये उपकरणों से वे
चलो! धार देख आते हैं
महाकाल से तो नाते हैं

कार्तिक की ससुराल ही चलें
या मुरगन का नाती तो अब विशालकाय कट-आउट लगाता
नाच रही प्रतिमाएँ देखूँ
कैसी लगतीं!
मर्त्यों ने तो नये नृत्य की करी याचना
अरे दिगम्बर!
भटियाली रागों पर होगा नया नाचना
बंजारे की धुन क्या कोई रँगरेज बन
नये रंग का, नये साल का नया तेजपन
उतरेगा!

जीनें तो फटती लगतीं सबकी
या फाड़ी है?
टाइ डाई का फैशन था वो बहुत पुराना
किन्तु लूम पर से जो उतरे
नयी नयी सी, रंग देख कर
मुँह से निकले—
क्या साड़ी है!
ऐसा ही, कुछ नया दिलाओ
तभी चलूँगी—
नयी जगह का एल टी सी
बस टिकट कटाओ!
कारीगर अब दक्ष हो गये
गण अन्ना के संग हो गये।

# शिवत्व में कोई लोप नहीं

बंजारा क्या गाये? क्या शिवतत्त्व बताये?
जितना समझे, उसको ही भटियाली में गुनवाये औ' सुनवाये

उन्नीसवीं सदी का उत्तरार्द्ध। गदर के पश्चात् शिव को ही पता था क्या होने वाला है। होना है न माँ का जन्म! शुद्ध मातृशक्ति का! पूरे देश-प्रदेश को आप्यायित, आप्लावित करनेवाली शक्ति का जन्म।

भारत माँ की महान कल्पना का पुनर्जन्म! 'के बोले! माँ तुमि अवले!' वाला भाव पुत्रों में आने का अवसर था। देवों की एक जाति प्रजाति को इसका भी सुख देखने का सौभाग्य मिलनेवाला था। टाल्स्टाय गाँधी को लिखते थे, कैसे विश्वास कर लूँ कि पन्द्रह हजार विदेशियों ने करोड़ों लोगों को बिना उनकी इच्छा के ऐसा वैसा बना कर रक्खा है? कहीं तो है इच्छा अनिच्छा के बीच का देश! द्वन्द्व। गाँधी ने समझा। सुदेवों की भाषा शिवतत्त्व को कम ही समझ पाये थे।

बंजारे को भी वैष्णवी धुन सीखनी पड़ी। पहले तो वह शुद्ध शृंगार और वियोग के गीत गाता था पर नया रस उतरने ही वाला है।

शिव को पता ही था नये भाव के अवतरण का। पर्वतसुता को भी था। पर निकट भविष्य की सीमाएँ पर्वत के पार थोड़े ही न तय होती हैं! दूर समन्दर की नोनखारी हवाओं में सपने भी औरों के होते हैं, सत्य भी। शैलसम्भवा होती हैं अप्सरा! जलतत्त्व से उद्‌भूत!

रामकथा में स्मृतिलोप कम होता है किन्तु भारत के रण में तो किस किस को नहीं होता है? कर्ण तक को भी नहीं है, आवश्यक क्षणों में, नियति-बोध? ब्रह्मास्त्र वही बेधते हैं जो नियति को, आगमिष्य को क्षण भर भी न भूले, वही अधिकारी है।

स्मृतिलोप की, स्मृतिभ्रंश की कथा कहनी है। विस्मृतियाँ अतीत को थोड़े ही न नष्ट करती हैं, भविष्यगर्भा होती हैं। विस्मृतियाँ आवश्यक हैं किन्तु स्मृतियाँ, इतिहासीय स्मृतियाँ सात समन्दर पार तक जाती हैं। उनका लोप अशिव है।

## करण–कारण

शिव जी बोले पार्वती से,
गाँधी ने भी था समझाया गीतादर्शन—
स्मृतिभ्रंशात् बुद्धिनाशो, बुद्धिनाशात् प्रणश्यति...

फिर कैसे सब भूल गये हैं
नौरोजी को
कहने को अनब्रिटिश बताते, पावर्टी वृत्तान्त सुनाते

कैसे सब कुछ गलत हुआ था!
नया नया सब चलन हुआ था
कीमत का आकलन हुआ था।
अपना कपड़ा, अपना छींटा
अपना लफड़ा, खूब घसीटा

काश्तकार तो गये, किन्तु अब कारीगर भी, औ बीननहारे
बुनना, बिनना अलग अलग से खत्म हुआ, सब नपे बेचारे

दाम घटा नव उत्पादों का
आता था जो नव ब्रिटेन से
क्रान्ति हुई औद्योगिक उससे
सस्ते सूती, छीटें, गिनते
इस सब को बारीकी से देखें
तो नव इतिहास लिखेंगे
किन्तु घटित जो हुआ, उसे
भूलेंगे तो क्या खाक जिएँगे!

पार्वती जी हूँ–हाँ करतीं ।

## सूत उवाच

भगवत् पाणिनि
चार तरह के लोप बताते
लौकिक कहते।
सूत उवाच :
अर्ली माडर्न
पूर्व आधुनिक काल
मुगल से भिन्न न होता
किन्तु तरह की चीजें ऐसी कई हो गयीं
सदी नयी स्मृति-लोपों की राह हुई हैं

मेरे छींटे
मेरे छापे
सुप्रसिद्ध थे
जगत सिद्ध थे
कम होते गये
बुनकर,
बिनते
सूत, कताई
हथकरघे गये

मशीनों के आविष्कार से
नये नये उन उपकरणों से
अँगरेजों का गया जमाना
अच्छा लगता भूल ही जाना

कैसे जो संग्राम ठना था
कारण जो उभरा,
अन उघड़ा
उन सबका वृत्तान्त  बताऊँ
नई सुनाऊँ
लेकिन भूल न जाओ बात पुरानी
इसीलिए मैं कहूँ कहानी
जो भी क्रमशः खपे
शहादत को चढ़ गये है
गंगा-जमुना की रेती पर
सूत बिनौलों की खेती पर
दो ढाई सौ साल  पुराने
जिनके हाथ कटे कौशल-वश
गिनती में कम मानो उनको
सच को तुम पहचानो अब तो
सूत कहत हैं :
चुप्पी खोले
मूक बधिर इतिहास न बोले।

प्रभु की कृपा, पंगु गिरि लंघै
वरना अपने से क्या बनता
उनका ताना
उनकी भरनी
मुझको क्या था इल्म कि बुनता

चद्दर बन गयी
लगती, जैसी
चाहो जैसे ओढ़ बिछाओ
बारीकियाँ मिले, तो देखो
नहीं मिले तो स्मृति-सुख पाओ
दृष्टिहीन भी जाड़े-ठाढ़े में छूते हैं
उष्मा और उभार परखते, खुश होते हैं

दास क़बीरा रख देते यूँ
फिर लपेट कर
सूर बने ज्यूँ
मति भरमाये
समझ न आये
कैसे खोलूँ, पुनः बिछाऊँ चद्दर उनकी,
युग का पैर बड़ा लगता है
कलि, पीताम्बर, अन्ध गुफाएँ
मुष्टि-युद्ध की कई कथाएँ
कृष्ण को गये कई युग बीते
क्या करना
अँग्रेज तो गये—
किन्तु गुफाओं पर पत्थर हैं
है गहन अँधेरा
कब अन्धा इतिहास पलट ले
बाली को सुग्रीव हो गये—
क्या लगता है!

चालें द्यूतों की समझाने
सूत उवाच
एक पुरानी कथा जगाने
सूत उवाच॥

इति श्री रेवा खंडे...

पूर्णाहुति मालूम नहीं है
श्रद्धा में ही कमी हुई है।

## गण–नौ–गणकौ

उमा के मन को गण समझते हैं। नये देवों की बातचीत भी सुनते हैं, अपनी गणनाएँ भी करते हैं। पुर्तगालियों की तो गिनती कम है। कालक्रम भी। बंजारे को भी समझते हैं। फ्लेंमैको की धुन पर गाना होगा। डचों का काल भी। लिखते–पढ़ते गणकों को लगता है कि इनका भी खेल दूर दूर का है। शायद हिमप्रान्तों में प्रभाव कम पड़े। शायद ये समुद्र के देशों में चले जाएँगे— आग्नेय कोण में। साउथ ईस्ट इंडिया में। किन्तु छाप तो छोड़ ही जाएँगे न! शायद हिमदेश की भारत की, चीजों को वहाँ फिर से समझने लगें!

पर फ्रेंच भी तो यहाँ ज्यादा देर टिकेंगे नहीं। शिव के गणतीन बंजारे को बताते हैं। वह जो डुप्ले नाम का प्राणी है, बाद में लडाई में हार जाएगा। पर अँग्रेज आएँगे! बाद में। उनका काल गणचार को ज्यादा लगता है। लोभी हैं सारे के सारे। कम्पनी बहादुर की बात भी कहाँ मानते हैं! कम्पनी को भी तो अपने नियम कानून लचीले रखने पड़ते हैं। चोरों, उचक्कों, श्वपचों, चांडालों को ही तो भेजा है यहाँ। पहले तो इनकी देवियाँ आ भी नहीं पाएँगी, तभी तो देवों की जातियाँ यहाँ की जन–जातियों में विवाहादि या विवाहेतर सम्बन्ध भी बनाने लगती हैं।

गणक घबड़ा जाता है। पार्वती को भी गण का स्वरूप समझना है। गणपाँच को लगता है कि अँग्रेजों का काल लम्बा चलने वाला है। इसमें तो दक्षों के हाथ कलम आने लगते हैं। कारीगरों के हाथ कलम होंगे— पार्वती इस कल्पना से सिहर उठती है। शिव! शिव! यह कहाँ सम्भव है! जाने क्या क्या देखना पड़ेगा मुझे!

गणपाँच से फिर पूछती हैं। यह भ्रष्टजाति कौन–सी है? ब्रिटिश या अनब्रिटिश (नौरोजी)। गण बताते हैं— बनियों की कौम है। इनसे तो इनके अपने देवलोक के प्राणी भी त्रस्त हैं। इनकी कोई नैतिकता नहीं, मॉरेलिटी नहीं। कभी इसका साथ देते हैं। कभी उसका। जहाँ फायदा ज्यादा, वहीं, लग लिये।

उमा आखें मूँदतीं हैं। नये मन्त्रों के पाठ में भाषा भी नयी है, असंस्कृत है,

व्याकुल करनेवाली है। भाव तो नये हैं ही, उपकरण भी नये घड़-घड़ाने लगते हैं। यतिभंग-सा होने लगता है।

गणसात गुप्तचरों की बात करते हैं। कई देवताओं की गुप्त मन्त्रणाएँ होती हैं। उन्हें यहाँ के दक्ष कारीगरों पर आश्चर्य होता है। बनियों के साथ व्यापार करने में कष्ट होता है। अपना ऊन का सामान नहीं बिकता दीखता है। सब के जासूस कारीगरों का बुनावट, शृंगार देखने परखने की कोशिश करते हैं। 'जान गये थे चतुर सुजान में' पाँच ऐसे रिपोर्टर की दास्तान कही गयी हैं। ये रिपोर्ट यूरोप के इतिहास का अंग हैं। उमा बारीकियाँ समझती हैं। इन जासूसों की जानकारी एकत्र करने का मतलब भी समझती हैं। तो क्या नया युग आनेवाला है? औद्योगिक क्रान्ति का? यहाँ का सब नष्ट हो जाएगा, बिक जाएगी भारत की दस्तकारी! शिव क्या लोहे की गाड़ी में घूमेंगे? रेल में—और मुझको कोस मीनारवाली खबरें मिलनी बन्द हो जाएँगी। तार का जमाना आएगा। उमा आँखें मूँद कर सब समझने की कोशिश करती हैं।

यह यज्ञ का आयोजन पुराने ढंग से नहीं हुआ था। सूफियाना कलाम भी गाये जा रहे थे। यूरोप की अन्य क्रान्तियों की भी झलक उमा को दीख रही थी। इंग्लैंड का आगमिष्य! ग्लोरियस रिवोल्यूशन का मुंडकटा भविष्य!! फ्रेंच रिवोल्यूशन की लफ्फाजी! अंग्रेजों का गुलामी के लिए विरुद्ध कानून तथा नये तरह की गुलामी (इनडेंचर्ड लेबर, गिरमिटिया की शुरुआत)। क्रान्ति के सुतों की यातनाओं को देख उमा सिहर उठती है। स्वप्न-भंग में भी उन्हें अपने निवासियों की यातनाएँ 'समय से परे' लगती हैं। दक्ष से पूछने का वक्त कहाँ है! कारीगर अपनी रामकहानी में व्यस्त हैं, कबीर करघे पर। कमाली का कारखाना भी ज्यादा नहीं चलता। तुलसी ने कातना सीखा ही नहीं। कहाँ आवाज है करघे की भी? कहीं नहीं। सूर तो वृन्दावन भी गये थे, पर निर्गुण होते लगते हैं। कवियों को भी सुख नहीं। रीतिकाल से कौन उबारेगा? उमा भयभीत होती हैं।

शिव के और्ण स्वप्नों से बाहर निकलना नहीं चाहते। क्या करें? क्या यह युग इतना भयंकर आएगा? दक्ष की ऐसी चलेगी? ना! इससे तो अच्छा है विध्वंश हो जाये। न मैं रहूँ । न ये देखना पड़े।

शिव का इशारा पाती हैं। घबड़ाओ मत, उसके आगे भी तो देखो! आएगा कोई गाँधी! कपड़ों की बदौलत बदल देगा समीकरण। सब उलट जाएगा। भागना पड़ेगा इन नवदेवों को अपने देश। बाद में तो भारतसुत, यहीं का देशवासी सब जगह राज्य करेगा।

पर उमा के गणों की, गणकों की सीमाएँ हैं— उन्नीसवीं सदी के पार न देख

पाने की। चार सौ साल तक ही की दृष्टि है उनकी। बीसवीं सदी का मुहावरा उनके गण ही नहीं समझते। तो क्या बाजारों को समझा पाएँगे! उमा उन्नीसवीं सदी की रेल की घरघराहट से डर जाती हैं। सूत के मिलों की लैंकशायरी रास नहीं आती। मैनचेस्टर के कंचुकी की सोच से घबड़ाती हैं। दूरदृष्टि की अल्पता उन्हें कहाँ मालूम।

उन्हें लगता है कि पूरा भविष्य दीख रहा है उनको! पर काश! उन्हें बता पाये होते कि गान्धारी भी जब आँखों पर लगी कपड़े की पट्टी खोलती हैं, तो केवल सुतसम सुतसोम ही दीखते हैं।

युग बदलने का संकेत है। कितनी दूर तक दीख रहा है—यह पता हो जाता तो उमा 'बाप के राज्य' में, ऐसे विध्वंस की सोचतीं!

पर उन्नीसवीं सदी में तो दक्ष-यज्ञ के कारीगरों के शिल्पग्राम को, गणों के रहते नष्ट होना ही था। यही सूत की जुबानी है। सूत उवाच इति द्वितीय अध्यायः।

इति कलि कथा।

इति भवितव्यता!! अल्पमतिता!!!

## दक्ष-यज्ञ विध्वंस

अँग्रेजों को मिला-मिला कर पिता कराते यज्ञ क्या चलूँ?
नहीं उमा! पर्वत की जाई!
देव सभी जा रहे! दे रही सुनायी रथ की घड़-घड़
किन्तु बुलावा! अभी ना आया क्यों कर जाओ!
वैसे भी हिमवान पुराने, अब ना पिघलें
सुताशैल! सागर की ही ओर चलो तुम!

जरा! ध्यान से उठा; नया कुछ दिलवाऊँगा
नये स्पर्श की, जार्जेट की; लगता हो जाड़े के धूप-सा
ऐसा सूती भी बन गया—करें कवि दावे
कविता में तो गलत-सलत भी कर जाते हैं
पर उच्छिष्ट, वीव (weave) भंगों के, जो जाये
दृष्टि-मनोरम एक नया अन्दाज रचाये!

चादर सिलवट वाली कुछ नटखट नटवर की
सीता की तो याद दिला देगी, रघुवर की!
यति का भंग, कि मति का भंग

हुआ! अब सोचें शिव।
देखेंगे दक्षों के रण को! शयन मरण को
विध्वंसन को!

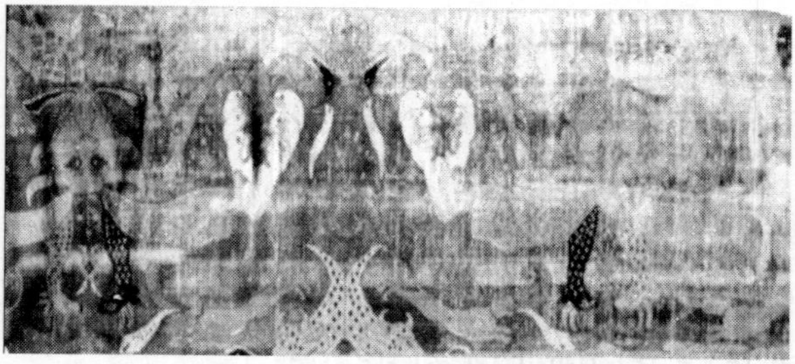

बिना पुराना नष्ट हुए कुछ नया कब बने?—
सोच रहे थे शिव पर्वत पर, हुए अनमने!
पार्वती पितृगृह पहुँचतीं—
पहुँची देवों की जागरणी
डच, फ्रेंचों की, पुर्तगालियों की बन आयी
होता, धाता, अध्वर्यु बन गये
मन्त्र पढ़े जाते बिल्कुल नये-नये
मुगलों की भी नहीं बात कहीं भी पड़े सुनाई
आगे होगी क्या सुनवाई!

एक बड़ी सी दरी आगरे से बनवायी
पंचतन्त्र की कई कथाओं की बन आयी
उपजे उनमें से जन्तुजीव
नये यज्ञ का नया उपजीव्य

मुगल दरी पर नये नये जन्तु छापे थे
सूती पृष्ठभूमि पर ये और्णव थक्के थे

प्रगट भाव जो दरियों पर था
उन पर आसीनों का भी
मन उलटा था, गलत-सलत ही आडम्बर था

पुर्तगाल से, दीव से आये लोग बताते
सूरत में भी जमे अभी ना! लड़ें-भिड़ें सब
सुना उमा ने! व्याकुल भी होतीं, कैसा ये अजब!

दक्षराज में कैसे कैसे लोग आ गये!
हिमगिरि के प्रांगण में क्या ये पैठ रहेगा?
कहाँ जाएँगे मूल निवासी निर्लोभी वे
लगता है, घूरे के दिन आज आ फिरे

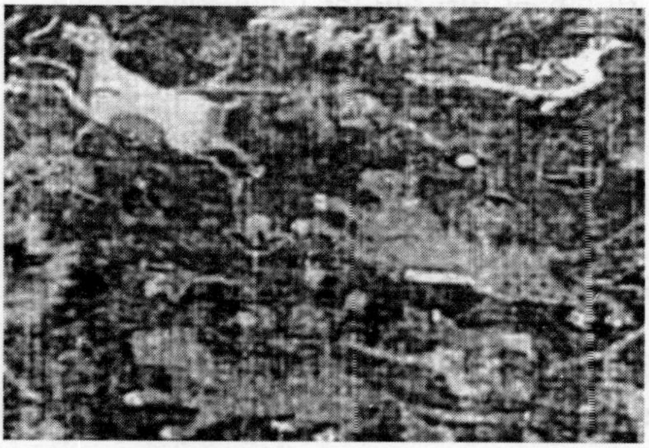

पार्वती जी सोच रही थीं क्या आगन्तुक?
शिव को सपने में भी तो दीखा था कौतुक!

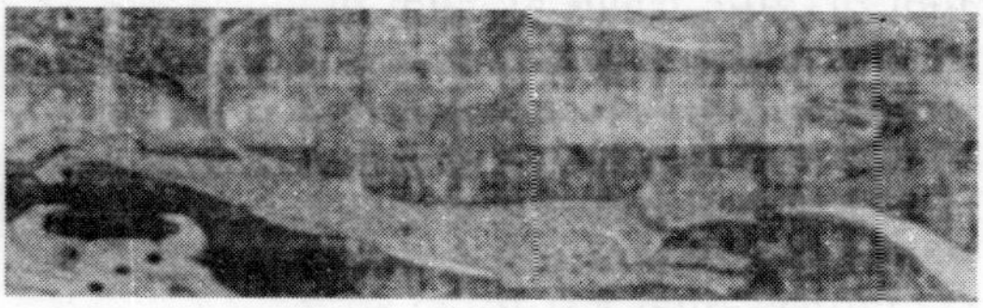

## मेरा देश बड़ा हठयोगी

मैं हठयोगी, मेरा देश बड़ा हठयोगी!
सौ सालों तक, दो सौ तक भी सांस थाम कर गिनता ऊलटी

यं रं लं वं ।

बीज मन्त्र भी बहुत परीक्षित। शब्द ब्रह्म तो और प्रतिष्ठित
वाक्यपदीय अर्थ भी खोजें। नाट्यशास्त्र में रस को बोधें

पं फं बं भं! भू भ्रम! आर्यभटीय भू भ्रम!

कुम्भक रेचक के उपरान्त पूरक में जब वायु भरेगा
तभी लगेगा बहुत शान्त है। मरघट तो वैराग्य प्रान्त है!

तं थं दं धं। धन! निर्धन बन!

एक कहानी नव भारत की। दो सौ सालों के पूरक की
अत्याचार बहुत लगता था। समुद्र व्यापार ही जगता था

घोड़ा टमटम। टं टं। भाजा टन टन

चाभ रहे थे सभी विदेशी। तब तक आया नहीं स्वदेशी
का आन्दोलन! जन जागरणा। लगता कैसे सबको भरना

खाते अंग्रेजों को देखा!
चं चं । चमचम

शान्त प्रकृति है, वैकुंठी है! विरजा है, कपोत 'भूलुंठी'
लोट जाएगा, पैर न देखे! अँग्रेजों ने वे दिन देखे

जाती है गंगा गं गं गं ।

गाती है गंगा गं गं गं

किन्तु क्रुद्ध हो या मुद्रा में, तने भृकुटि या तृतीय खुलता
शुद्ध वायु के आवागम से, बिन चाहे क्या पत्ता हिलता!
इस प्रकृति को समझो,
हृदयंगम कर लो,
पाओ फल उत्तम
वेद ऋचाओं का यह गायन
गेयम्! ज्ञेयम्!
इति श्री ज्ञेयम्!

# ग्लोबल सूत्र
# का
# तन्त्र-जाल

## एक लोहा...

एक लोहा पूजा में राख्यो, एक घर बधिक धरो
'सूती' कपड़ा इंडोनेशिया में, एक मिलता कैरो
एक थान का थान पूजते, दूजा कटिंग करो
घर में मशरफ में लाते यह भारत के कपड़ो
चौदह सौ में फुस्टास, पहले का था कैरो।
एक बत्तख के जल के, सियासत के, देखो लफ्ड़ो!

## चन्द हसीनों के खतूत

तुम्हारे खत में नया एक सलाम किसका था?

मेरे पास खतूत
खानमों के,
खाबिन्दों के,
बेगम के—मिस्र काल की

क्या लिखती हैं—

वही!
गलत कहती हो तुम तो
कपड़ा भेजा था अच्छा-सा
पैसे देने के बजाय
यह क्या?... शिकायतें?

कौन तुम्हारे साथ नया
यह छोरा आया
जिसके मन का है यह जाया

मैं करती मेहनत कपड़ों पर
हड्डी की सूई गल जाती
सिलते-सिलते
तब तो तेरे अंग अंग पर
कैसे खिलते?

खिल जाने से ही शिकायतें
और नई ये ना हिदायतें!

खुल गयी पर एक बात
जगत पर कुएँ के जाए बिन ही अब—
उससे नहीं ठीक है नाता!

चाँदी भेजो!
तभी उबल पाये, भुन जाये
चना चबेना
कहाँ बाजरा?

राम खुदाया!
नया भाखड़ा!

न था रकीब तो आखिर वो नाम...
तुम्हारे खत में नया एक सलाम
किसका था?

(1800 ईसवी पूर्व का पत्र)

## हंस ध्वनि

कभी कश्ती, कभी बत्तख
कभी जल,
कभी तो हंस होना बने सम्भव

पर उसके लिए साड़ी पाढ़ में भी
एक मयूर छपा होगा

नहीं तो कहीं हीरा गेट[1] में भी
रिलीफों में लगे ब्रैकेट बताते
कि सुन्दरता नहीं है, मात्र आवश्यक
और हंसत्व पाने को जरूरी तत्त्व भी हैं

नचे जब मन मयूरों भाँति उन्मुक्त
तभी हंसत्व आता है धरा पर
कभी उन्मुक्तता पड़ती यहाँ कम
तभी जाते अनेकों तत्त्व ऊपर।

1. दभोइ गुजरात, तेरहवीं सदी (—एक सुलावेसी की साड़ी से प्रभावित)

## ...उपजा पूत कमाल

सूत की बारीकियाँ
व्यापार में हैं खामियाँ

खामियाजा सब भुगतते,
कबीर की बदनामियाँ

इब्न अल उखूबा बताते सूत लेवो तौल
और बुन कर लौटने पर माप में ही दो
उसी सूते का बुना हो, नहीं हो बदलाव

बुनकरी में क्या 'कमाल'
कि पूत की होवें निशानियाँ!

## बुआ का बॉबी

बदलेगी ओढ़नी कि नहीं?
बॉबी बोले।
क्यों कर बदलूँ?
नाक पोछने में चुभता है,
—उत्तर डोले।

तीन बरस का बॉबी
तेरह साल बुआ के
पूरे होते!
छिल जाने से नाक, रूठता
बच्चा बॉबी
दिल वालों की सैर

आज फिर दिल्ली आया
खोज रहा है गली मुहल्ला
और
फूल वालों की सैर
ढूँढ़ ले। अब क्या ढूँढ़ूँ
नहीं! आज तो नाक बन्द है!

सूत की चुन्नर
नहीं जार्जेट!

## हमने हर पद को, प्रत्यय को

हमने हर पद को, प्रत्यय को
जाना, समझा औ' छुपा दिया

हमने हर मद को, अत्यय को
जाना, समझा औ' चुका दिया

हाथी का मद भी देखा था
वह चूर चूर क्या करता था

रानी को मद में भी देखा
दासियाँ, मदात्यय गिरता था

वह बाजूबन्द का खुल जाना
औ' बन्दे कबा
औ' वादे सबा

झिंपना-उठना पलकों, लय को
भोरों का एक झुटमुटा दिया

पर एक परम पद पा जाना
पर एक परम पद का पाना
ताना बाना भरनी करनी
सब छूट गया, हाँ, छुटा दिया।

हमन है इश्क मस्ताना...
हमन को होशियारी क्या

खमण को रेजगारी क्या!

मदात्यय

(मथुरा कला)

## अनौद्योगीकरण तत्त्व, पुरातत्त्व

अनौद्योगीकरण, प्रश्न का वरण
मुगल का मरण, चीर का हरण
एकवस्त्रा थी हा! द्रौपदी!

भीष्म पितामह सोच रहे थे
मानसून था फेल,
हवा का खेल,
हुआ जो मेल,
गया सब हेल

बना सब का पातक दु:शासन
शकुनि दुर्योधन का द्यूत
भाग्य का च्यूत
नहीं ऐसी फिर हो त्रासदी।

द्रोण को द्यूत लगा अवधूत
कि अश्वत्थामा था जो पूत
दूध बिन रोये खीस निपोड़
द्ररिद्रता हरती सब आवरण!

द्रोण आटे का महँगा घोल
पिलाते दूध बता अनमोल
आर्थिक दृष्टिकोण, कई करण
लगाते नाहक औहलिन—ट्रड

पेरिफरी के चर्चित ग्राफ
बचे क्या अब केवल समीकरण?

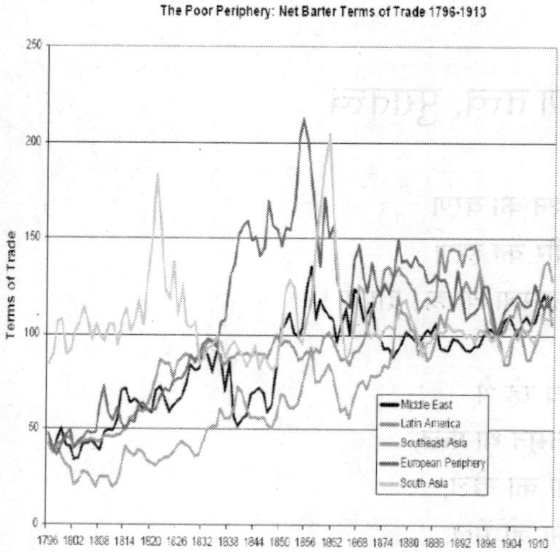


सभी करणों का तात्त्विक मरण
प्रश्न का कर लेते जो हरण
धूलि प्रक्षेपण, न्याय पुराना
द्रौपदी के चित्रों को आँक
रवि वर्मा जटायु के पाँख
लगा दो इतिहासों में पंख
करा दो नया चित्र अनावरण!
नहीं होवे जग में त्रासदी
एकवस्त्रा, हिरणी द्रौपदी!

आँक सकते तो देखो आँक
भयातुर हिरणी की दो आँख!
मुक्त वेणी को दो कुछ रक्त!
याज्ञसेनी को कर दो पाक

अनोद्योगी न गिरे हिमपात
चाहे कितना हो शुभ्र हिमाद्रि
नये ही युग में चढ़े सवस्त्र
नया ही स्वर्ग, नया आरोहण!

चीर का हरण : यूरोपी वरण
नया आवरण! द्रौपदी हरण
सखी पहुँचा देगी चुन कर
वस्त्रों को मंडी में यूरोप
अगर सूती हो बनता छींट,
अगर कुछ अन्य बना लें टोप
यही है वक्त, बहुत ही सख्त,
यहाँ से धन्धे गायब, दूर
पे बैठे गोरे पहन,
दिखाते सैलूनों में घोंप
पुरानी तलवारों को म्यान,
सभी अम्लान, खुशी से चूर
बदलते जाते अन्तर्वस्त्र,
सूत का छाया वहाँ प्रकोप!

रूई ना उगती जैसे घास,
मौसमों की ऐसी ही फाँस
चराते भेड़, लगे ना पेड़,
सूत ही केवल लेता साँस
लिनेन की लेता जगह है सूत,
ऊन था उपजाऊ एक सूत
किन्तु बढ़ते पापी का पेट
औ' उसपे दुःशासन लम-लेट।

# राग–रंग

## एक

नदियों ने रँगरेजों से जाने कब कर ली बात
और कपड़े मँगवाये
थान–थान में प्यास जगी है, राग रंग की बात चली है
आशिषों को तरसे जग
तो मजीठिया रंग में रँगवाये

सबसे ज्यादा रंग यह पक्का, रंगों से ज्यादा कौन सच्चा?
उभरे, तने, फैल जाये, अंगों को रंग कसता जाये
मन ही मन में बसता जाये
पर इसके पहले कई स्नान
सब पूर्व राग के ही समान
दो बार नील, या वारिनील
में रंग बोर, चिनता समान
कपड़ों में रंग, मन में उमंग
झाड़ी कदंब, झूले नितम्ब

यमुना का तट या वंशीवट, या कौन लगाये घात—
कर्णफूलों की चलती बात
रहा बिन कान छिदाये!

रानी राधा, मथुरा राजा ने
रथ पर केसरिया रंग के

कई नये झंडे फहराये
देखो! क्या-क्या बात चलेगी
शम दम की सौगात मिलेगी
कहाँ कौन मानने वाला—
प्रतिघातों को घात मिलेगी

और नई धाराओं के जो बीच, बने थे द्वीप
जलों में थल उभर आये

**दो**

उन पर भी रंगीन चादरों का ये ताना-बाना दिखता
उड़ने को व्याकुल पाल सदृश
मन पर पत्थर इक भारी रख

रंगों को मिलता वायु संग
सूरज का ताप प्रचंड; अंग—
अंग खुल जाते हैं सभी रंग
आने वाला शायद अनंग

**तीन**

इन कपड़ों के रंगों में झूले फूल
कुसुम्भी कई प्रकार के
तने, ना तने भेद नायिका
बने ना बने बात गायिका
चढ़े ना चढ़े रंग राग का
उठे ना उठे सुर सुरीले
बजे ना बजे तान बाँसुरी

नदियों के है पास कूल के तट पर ये सौगात
इन्हीं देशों में साजन पार

कर रहे कपड़ों का व्यापार
उन्हीं पर इन रंगों की मार
और सिक्कों का अत्याचार

वो जो बिदेशिनी माँग रही थी तट पर के सब रंग
न सजना भटका मेघ सुरंग
उरग ज्यों फँसा गले में तंग

नदियों को इन सब सागर के पास उठी जो बात पूर्णतः ज्ञात

तभी तो चटख दे दिया रंग
रँगरेजों ने भी साश्चर्य
और देखी जो नई उमंग
दिखाया सौ प्रतिशत ऐश्वर्य।

नये ही छापे, नये प्रकार
नये सजवाते बन्दनवार
छींट को मिलता नया प्रसार
भावने रंग जीत ले जंग
चीतते मन को दें आघात
ब्लॉक की बात, चित्र अज्ञात

कई तो नाम, अनामा फूल
बिना काँटों के, मन को भेद
जाएँ, रंगों का शूल
राग–रंग–चित्र नया तिरशूल!

**चार**

नये छापों के नये प्रकार,
रंग का ऐसा कुछ व्यापार
परिचितों में एकाध उचित–सी,

लगे अच्छी अप्रत्याशित भी
कली कोई नये वंश की खिली
बाँस के फूल न बाइस साल
सकेंगे, नई खिली–अधखिली
लिली भी देता रूप कमाल

**पाँच**

नदियों का आशीष हैं छींटे
रंग ना उतरे, धोबी चाहे लाख पछींटे

नदियों का, नद नालों का जल
खास तरह से रंग स्थायी
करता, चमकाता, उकसाता
सूख रहा हो कहीं कदम्बित
तने, ना तने— फूलों पर भी
या बालू पर लेटा यूँ ही
रँगरेजी अँगरेजी पट्ठा
तन पर, स्तन पर फिसलेगा
और रंग सादा रह जाये
फिर भी पट्टा बने दुपट्टा

इस कानाफूसी को समझे बस कवि,
और कोई समझ ना पाये

नदियों ने रँगरेजों से जाने कब कर ली बात
और सूती रँगवाये।

## पट्टचित्र का क्या हो माध्यम

चित्रण को क्या लगता है कम?

कपड़ा, लकड़ा, सीसा, कागज
सब पर हो सकता है चित्रण!

कलमकारी में कम हैं कलम
कलाकारी का रंग अनुपम
और कथाएँ प्रचलित, उत्तम
उन सबसे है रची मनोरम
विधा, फैल गई कई कोणों तक
दक्षिण पूर्व एशिया बस गई
कालहस्ति मसूली पतनम
पिंटाडो या छींट का चलन

स्वर्णमुखी तिरुपति के तट पर
धार्मिक कथा चलेगी मद्धम
तोशक, कुशन, कवर, चद्दर सम
दिखता विस्तर पर इनका श्रम!

प्रिंट कि पेंट में, पेंट जीतता
साठ के पहले समझे विज्ञ कई
हिन्दुस्तानी सूत है चित्रण
नहीं प्रिंट का नाम ले कोई

बाद साठ के छिटकता छींटा
और छापने को मिलता है
ब्लॉक प्रिंट का नया सबेरा
मोटिफ, मोर्डेंट सब खिलता है

पेंट/प्रिंट दोनों थे माध्यम
कलावीक्षकों का नव उद्यम
कपड़े को, सूती कपड़ों के
प्रारूपों से है रिवोल्यूशन

इंडस्ट्रियल बतातीं बीभरले
लेमायर का नया निरूपण
छींटों से, इन मोटिव्स से भी
कॉपी करने को विज्ञापन

रँगसाजी और रँगरेजी के
डचों, फ्रेंच औ अंगरेजी के
रसायनविद, कई क्राफ्टमैन भी
आके सूरत, राज़ गये ले

कैसे बना, कौन डाई था!
किन रंगों से रचा मनोरम
उन सबकी भी कथा कहूँगा
मिल जायें गर श्रोता उत्तम!

## ऊन का कानून

तीन शहर ने नाम कमाये, घेंट, ब्रूग्स और येप्रस भाये
कपड़ों के व्यापारी गण को— जब हेनरी थ्री हुक्म सुनाये
इन तीनों शहरों में ऊनी कपड़ों का व्यापार पनपता;
शैंपेन में मेले लगते थे कोलोन, ब्रूग्स, जगता जेनेवा

किन्तु बारह बहत्तर पश्चात्
उत्तर के प्रान्तों का हिस्सा
नीचे के इटली के ओवरसी
रूट ले गये सारा किस्सा

ऊपर से हेनरी तीन माँगे सब फ्लेमिश कपड़ों के ही बोल्ट
एक तरह के, एक नाप के नहीं हुए तो भर दो डोल्ट!

जुरमाने, तारीफ नये नये
तथा नई ये बात चली कि
अँग्रेजी ऊनी कपड़े केवल
निर्धारित बन्दरगाहों से छूटे,
फलैंडर्स फेल भवा
अँग्रेजों का ऊन न आये
वूल स्टैप्ल रूल चौरानवे
फ्लैंडर्स का भट्टा बैठाये।

ऊन, नून कानून बन गया
फ्लैंडर्स का तब खेल बिगड़ गया।

## नद–जल व्यापार

फ्लैंडर्स के जो पास नदी थी, उसकी आह न सुनी कभी थी
यमुना तट से जल उछला था, इसका उसे न कभी पता था

मयूर पंखी इन सपनों को, ऊनी रँगे सुखाते थे जो
उन सबकी थी चाल अनूठी, किन्तु  नहीं थी बात कुछ पक्की
ऊन पे रंग न चढ़े बरौबर, बिके न शायद कोई चद्दर
साफा भी गर बाँधे कोई, पग्गड़ भिंड मुरैना लोई

वह भी चाहे रंग, दुरंगी, चित्रों में क्या ऐसी तंगी
रंग पकड़ने को तो सूती; ऊनी की तो बाढ़ निपूती
बस केवल दो चार चढ़ेंगे, उससे क्या व्यापार बढ़ेंगे

फ्लैंडर्स में था ऊन का आना, तय था लंडन से, मस्ताना
रंगों की चतुराई फ्रांस से, और बहुत कुछ भाई फ्रांस से
खाना, पीना और पहनावा, नाच गान में सब चल आवा
ऊन मगर यूरोप व्यापता, अफ्रीकी भी नहीं नापता
बार्टर में भी  ना स्वीकारे, मान–मनौवल सभी प्रकारे।

वह तो केवल सूती ही था, बोले इसकी तूती, जी हाँ
महादेश कई दीवाने थे, अग्नि कोण में परवाने थे
जावा इंडोनेशिया प्रान्त में, देखे रमणी सूत कान्त में
पूजा तक में रख छोड़ा था, किसे मिला अरबी घोड़ा था
सूत पर रंग! नदी की आशिष! रँगरेजों की अच्छी कोशिश।

## पंचमुखी

लघु कुटीर उद्योग खिसक गये

नहीं चरखे करघे चल पाते
मिल-कल-करखाने संग

वह भी जब वर्त्तानी सब हो
जिनकी नीयत सीरत गड़बड़

कहने को थे एडम स्मिथ
मुक्ताकाश व्यापारी झंडा
ले कर उड़े जगत में सारे
बाज समक्ष कहाँ तक धावे
गौरेये पक्षी बेचारे;

जो कुछ बड़ा पनप पाया—
उद्योग; रहा पिछलग्गू सा ही
बाज नोचते रहे मांस सब
झंडा, डंडा सब उनका ही।

पच्चीस से दो प्रतिशत आया
वैश्विक, उत्पादन में अपना
वस्त्र, द्रौपदी का कमता था
कहीं कृष्ण का नहीं था सपना!

## कपड़ों का कैनवास

इब्नबतूता का जूता—
नये सवाल उठाता फिरता
कपड़ों का था, कैनवास था
या चमड़े का फटा चिटा-सा!

कपड़े के जूते प्रसिद्ध हैं
खिलाड़ियों में
औ' उनमें
जो गेंद हुए हैं—

पर कपड़े की तुरत कहानी
उसमें भी सूती कपड़े की
जिसने दे दी देश को खादी
और दिया उस पर से गाँधी

वह जरूर ही पड़े सुनानी

कौन सुनाये?
सब चुप-चुप हैं।

## वैश्वीकरण के हैं मुद्दे कई

वैश्वीकरण के हैं मुद्दे कई! मुद्दालह भी नये मुद्दई

मनमोहन जब पढ़ते भाषण, उसमें दिखता है अनुशासन
अर्थनीति का औ अध्ययन का
ब्रिटेन के इंजन रेलों का
सुनवाते वे सारे किस्से,
लंदन में लालू के हिस्से रेल तार ने दीना भारत;
किन्तु बताते कहीं नहीं वे; मुँह से दाना छीना भारत
का अँग्रेजों ने, एकाकी कभी नहीं था,
एकीकरण न उनके कारण—

पहले हिन्दोस्तान मिला था
राजाओं के अलग-अलग होने के कारण
हिन्दुस्तान न खंड खंड था
यहाँ के लोगों की भाषा बोली में व्यापक
एकसूत्रता भक्ति-मार्ग की—
रहन-सहन का एका भी थौ
बातचीत व्यवहार बँधे थे
धर्मसूत्र से, सारा भारत
एक सूत्र था, तीर्थ जगत। सब कुछ प्रचंड था।

# हवा का हिन्दुस्तान

तेज हवा ने मुझसे पूछा— रेत में क्या लिखते रहते हो?
मैंने देखा उसे पता था
जिस पर लिखता, पत्थर सा था
उसने ही तो हटा, दिखाया
मैंने भी तक्षक रचवाया
कोशिश तक्षण की की लेकिन हवा हवा का मुझे पता था—
आज दिखाया पत्थर भीतर, कल इस पर उभड़ा देखा क्या?
रेत या पानी? खतम कहानी? किन्तु हवा से अच्छा पानी
शिवलिंगों पर कब से बहता! किन्तु देश तो जाना होता
सभी अगस्तों, मानसून में, जो न गया वह रहा निपूता
मैंने उसी हवा से पूछा— इतने अच्छे क्यों लगते हो?
देश कि रेत, कि पानी, कि बदन या
फूल, कि ग़ुल, कि वही गुलिस्ताँ
इतने मजहब, इतने झगड़े
सबसे प्यारा है हिन्दुस्ताँ

देश का नाम भी कोई लिखने की चीज?
पानी से क्या बने कमीज?
यहाँ पुरानी है तहबीज
संग पतंग उड़ा सकते सब
देती हवा है उन्हें तमीज।

## अन्तर्वस्त्र

कातें सूत महीन बब्बन जी।
पूरा नाम था
मोहन चड्ढा।
देते वस्त्र नवीन
संस्कृति को।
यूरोपियन को।
फ्लैंडर्स वाले बनवाते थे ऊनी चड्ढी।
और बसाते धारक।
धारण करे— धर्म वो।
स्वास्थ्य, सुरक्षा सिखलाते अब चिंट्ज।
प्रिंट सब क्लीन।
डिट्टोलित महाराज
आन्दोलित होते; रानी इमेलिन।

(She said her hands were not clean
Emeline! Emeline!!
Where had you been!
I went to see the Queen)

इमेलिन के अन्तर्वस्त्रों में
जब तक सूत ना व्यापा तब
तक रानी कहतीं गन्दे हाथ,
आज दर्जी ने नापा
नये दिये वस्त्र केवल दे दीना है हाइजिन
च्यवन जी!

प्रार्थित हैं अब ग्रीन
कातें सूत महीन
बनाते सातों वस्त्र साज-सज्जा के,
पेटीकोट के
सजे घाघरा, बजे बाजरा
रोटी घणी,
सजे गालों के रूज, सेंट, पाउडर के कारण
बचते थे प्राचीन—
काल में
एटीकेट की नयी पुस्तिका में
लिखा था :

मुँह पोंछो जी—
सन सतरह सौ बेरासी
सूती से बार तीन—

नया है अँग्रेजी हाइजिन

सूत की जय हो! अब तो चीन।

कपास भेजता होगा! अमरीका भी पीछे कब है!
मैनचेस्टर की बाट जोहता ब्राइटन का नमकीन।

## हम्माम में

एक कहानी पटना से, देखे क्या क्या घटना है
नाम तो जब वो बच्चा था, हाँ, हाँ, बिल्कुल सच्चा था
महमूद था, दरवेश नहीं,

बड़ा हुआ, खानदानी था, रक्खे पर नादानी था
एक मिला था दोस्त उसे
पटना वाले को मिलते
अक्सर दोस्त बहुत अच्छे।
दोस्त फौज में काबिज था,
उसके बाद कुछ केस चला।

लौटा जब ब्रिस्टल को वह, लेता गया साथ उसको
महमूद ने फिर खोली थी, चम्पी की, सैलून की दुकान
और नहाने का फैशन, सुरा-साफ दीखने का भी
लिबास में सूती कपड़े, पश्चिम तो लिये लिये
न! तब तक ना बिकनी थी, मोनोकिनी ही चिकनी थी
बादिंग सूट सूत का भी, मखमल, नील रंग लोहित।
मालिश पॉलिश को सैलून, दे जाता रोटी औ नून
महमूद के बच्चों के नाम, वैंकर डाक्टरी इनाम
कई तो खूब मशहूर हुए, ब्रिस्टल से अब दूर हुए।

## लत्ता रे लत्ता

एक ठो लत्ता, है अलबत्ता, चलता जाये कहाँ से कहाँ
ढाका से कासिमबाजार कलकत्ता से वाराणसेय
औ कोरोमंडल से कलकत्ता!
हैं अलबत्ता!

मोटा सूती भी चलता है दूर देश में गिनिया होता
लड़ाई में तनख्वाह; क्रय विक्रय में सिक्के सा चलता
सबको ढोता

कितना गोंद प्रयुक्त होता यूरोप में, प्रिंट कैलिको
दे पटकनी यूरोप भारत को; अठारहवीं शताब्दी में इस
उठापटक कई ऐसे होते।

## मुक्तवेणी याज्ञसेनी

निलहो का व्यापार और कोठी का अत्याचार
नील की जबरन खेती, मूल्य समर्थन का न बढ़ना

ओहलिन समीकरण के किन पूर्वग्रह को मैं दूर कर सकूँ
अगर नये पैरामीटर भरने हों तो क्यों मैं न भर सकूँ?

कैसे समीकरण बुझते हैं, नये मुक्कदमे जो खुलते हैं
उन सब पर का क्या अभियोग, नहीं लगे केवल संयोग

गाँधी जी का जो असहयोग,
कैसे उन्हें समीकरणों में करने दूँ मैं शुद्ध प्रयोग

जो देशों का अन्तर्व्यापार, उनकी संख्या— जन नहीं अपार!
उन्हीं लघु देशों के निर्यात मूल्य, संवेग और आयात
उन्हीं पर कर देते हैं फिट्ट! और ले पड़ते जा कर लट्ठ!
समीकरणों से हैं संचाल! मुक्तदेशी हो कारोबार

इसी से सभी देश की सभी समस्याओं का होता हल
करो व्यापार बिना कुछ शुल्क, तभी सुधरेगा तेरा मुल्क!

बनाते हैं बाड़े खुद लोग! चित्र, ग्राफों में नया प्रयोग
ढाई सौ साल! टर्म्स ऑफ ट्रेड, भाव-बे-भाव है दिया निकाल

औ' उसको समझाने में लगे! ओहलिन के मैक्सिको पगे

औटोमानो के कई सुल्तान! उन्हीं के संचालन से जान
इक्विलिटी की पहचान! ढूँढ़ते समीकरण नादान
भाव संचारी का उद्योग, रंग रस के जो पुरा प्रयोग
अगर स्लेवों ने किया विकास, प्लांट या प्लांटेसन के पास
तो इनको दे देंगे स्थान! तनिक घुटनों में भी मेहमान!
नहीं तानाशाही का रूप! दिखे जो उनको! वे विद्रूप
पदों में अंटा पाऊँ— मुश्किल! जान से जाएँगे बेदिल!

## मरु–कथा

मरु की कथा नहीं कहते तो कैसे सागर लाँघोगे?
हिन्द महासागर के सूत्रों को कैसे तब बाँधोगे?

बिन पानी के आँधी
औ' बिन पत्तों के है पेड़ सभी
नदियाँ जाने कब सूख चलीं
झरनों के स्रोत मिले न कभी

पर मरुओं के हैं नाम बहुत
उन नामों में कई स्मृतियाँ
उन मरुओं की पहचान बहुत
नगरों से सटतीं संस्कृतियाँ

लोगों के रहन–सहन बिल्कुल
ही अलग–थलग, मरु जीवन है

व्यापार, रेशमी सूती सब
चलते रहने का यह क्रम है।

जों चीजें लाई जाती थीं, उसमें बहुमूल्य जवाहारात, धातुओं, मखमल, शराबों, रेशमी, रेशमी वस्त्रों, घोड़ों और अफरीकी गुलामों का जिक्र है। गहराई नापने के लिए उस समय सीसे के बड़े–बड़े गोलों का प्रयोग होता था, जो अब भी कभी कभी होता है।

# रंगों की
# लुका-छिपी

## रपट में लुका-छिपी रंग-अनंग

आज रँगरेज के पास घूरते फिरते हैं डच फ्रेंच सुजान
और अँगरेज कम्पनी के कारिन्दे, राइटर हैं नादान

सभी को पता लगाना कैसे
कपड़े के लगते कम पैसे
और रंग, भी आता चोखा
कोई कहीं तो दिखता धोखा

सभी बनाते बड़ी रिपोर्ट
रंग की रेंज, प्रिंट में काम
आएगा कौन-कौन मोर्डेंट
गये सूरत सिंरौज तमाम

रॉस की बड़ी किताब बनी है
और दल्लों की कोई कमी है!
लगाये रॉक्स पे बहुत आरोप
बचेगें नुस्खे से ही प्रकोप
...रसानां गन्धोत्तमम्...
पादरी, राजदूत, व्यापारी
लिखेंगे पत्र अनेक प्रकारी
बनेगा इन सबसे ही काम
क्रान्ति को देगा जो अंजाम
औद्योगिक क्रान्ति का स्टीम
बनाने में लगता जो, भाप

उसमें कॉटन क्राफ्टों का हीट
और इन रपटों का सन्ताप

कौन से रंग, कहाँ किस ढंग, डुबोये और निचोड़े बार
बार कई, स्थापक फिटकिरी, मिल गये देखो! रंग हजार

और रँगरेजों की तारीफ
किया करते सारे अँगरेज
सब्ज—परियों में कई नादान
मिले छप्पन छुरियों सी तेज

उसी की कथा अनन्त नवीन
छींट पर आ जाये कुछ काम
प्रिंट की खुलती नई दुकान
आज अचरज में कई विद्वान

लिखी गई रपट रही गोपन, ये केवल कम लोगों को मिले
कि जिनका था कुछ बड़ा रसूख, या फिर उसी काम में जिले
कई ऐसे हैं , मार्शेलिस, राउन, या फिर आर्मेनिया, टर्की पास
उन्हीं कारीगर को रंग राज़ बताते रसराजी झिलफिले
रपट में लपट-झपट के रंग
दिखाएँगे अंगी अंग-संग
रसायन, रसों, द्रवों का खेल
कि इनमें छुपते काम, अनंग।

## छींट पे सोनचिरैया

गरीबी की रसात्मकता
रस रसायन

कब से शुरू हुआ करती है
अपुन गरीबी
इस कपास की,
सूखे, प्यास की

कहाँ से चलें? कहाँ पे शुरू?
हत्याएँ क्यूँ? चिदानन्द रूप
शिव भी हम ही, खुद ही ब्राह्मण—
ऐसे देश प्रदेश में धुनें सिर
या कपास या राम शलाका

प्रश्नावलियाँ अनुत्तरित हैं

क्यों आये थे इसी कोस्ट पर
अपुन देश में
तीन फ्रेंचगण
सोलह सौ सत्तर पचहत्तर से ले कर
सतरह पचास तक
सूरत और सिरौंजी आते
कोरोमंडल को खँगालते ज्ञान राशि
या शिल्प कारिता।

रोक्स, विउलिक्स
और कोई

डाटासेट भी दो चलते हैं
मैडिशन के जी.डी.पी. के
एक दूसरा धड़ा बताता
टर्म्स ऑफ ट्रेड है बहुत महत्त्वपूर्ण
दोनों चाह रहे व्याख्यायित करना—
क्यूँ दुनिया में गरीबी रेखा
बनी रही, बढ़ती जाती है
कब आभास हुआ करता कि घटी! लो घटी!

किन्तु घड़ी दो घड़ी बीतती—
चलती है अविराम घटी जो
नहीं गरीबी कम होती है
आधे पेट, विश्व की जनता
भूखी नंगी ही सोती है

सतरह सौ पचास तक तो ना थी
क्यों सोने की चिड़िया उड़ गई
और रही फुदगुद्दी याँ पर
या गौरेया?
कहाँ गई वो सौनचिरैया?

## जान गये थे चतुर सुजान

चार चतुर थे, चार सुजान
उनको थी असली पहचान—
क्यों यूरोप ना छींट पे नाम कमा पाये
क्यों भारत का सूत पसरता ही जाये
'जार्ज रोक्स' ने खुली किताब
में लिखा यहाँ का सभी हिसाब
अमदाबाद, बुरानपुर और सिरौंज
रहे वहाँ पे खूब जनाब

जजिया औरंगजेब का आया
मारवाड़ में नाम कमाया
तैंतीस तीन (सौ) सफे रंग डाले
तीन साल कर दिया हवाले
कैसे क्यों कुछ फटता जाता
क्या मिलवाने से रंग चढ़ता
कहाँ के पानी से चमकेंगे
कहाँ छपाई सर्वोत्तम थी
सारी बातें सोलह अस्सी
तब तक सूरत पे दो बार
महाराज की तनी कटार
सबसे अच्छा था व्यापार
डच फ्रेंचों का था व्यवहार
प्रथम सुजान चरित्र खत्म हुआ।
महाराज बन गये थे शम्भा।

फिर डेनियल डे हावर्ट डच आये
सौलह अस्सी में लिख डाला
पलाकौलू में पानी डाला
दूघ, रंग का सभी हवाला
हर्रे नहीं, फिटकिरी लेकिन
काम आये मस्टर मतवाला
तिरानबे में छपी किताब
इरविन कहते सही जनाब।

'जार्ज निकोलस द बिउलिउ' भी
सतरह सौ चौंतीस में छापे
सभी विवरणी, कौन तौलता
कितना रंग कहाँ पे घोलता
फ्रेंच ईस्ट इंडिया कम्पनी
लेफ्टिनेंट की कारस्तानी
नये तरह के बनेंगे छापे
यूरोप के हर मन में लालसा
कैसे छींट बने मशीन पर
उसको यह उद्योग परस्पर
छपती जाती कई किताबें
लेते-जाते तभी हिसाब

'दु फेई सिस्टर्ने' इन्सपिटर
छींट छाप की करें केमेस्ट्री
प्रौसेसेज की बखिया उधरी
सब यूरोप को छपा मिला अब
कैसे, कितना पानी में टब
डालें और निकालें कितना
हवा नई भरती टायर में
उद्योगों को लग गये पर से
पूँजी, सेठिया लगे फूलने

नई एक मस्ती में झूलने

जेसस सोसायटी के फादर
तान देखते सबकी चादर
चिट्ठी में ही लिखें जनाब
'कोर्दोयू' की खुली किताब

सतरह सौ सैंतालिस तक वे
पाँच साल में खत लिखते थे
और जानकारियाँ दे रहे
हल्ला और बवाल मचा है
भारत से; टर्की से आया
अनातोलिया ने बतलाया
पक्के रंग कबीर दास के
बाकी लोग मजीठी रंगते
किन्तु टर्क को दो रंग आता
वह भी सस्ता, स्लेव लुभाता।

एक वनस्पति–शास्त्री आ जुड़ते
इसी कथा में चलते चलते
विलियम रौक्सबर्ग हैं आते
कोरोमंडल की खुशबू लाते
उनकी छपी किताबें आईं
सतरह सौ पंचानबे में थीं
छींट कैलिको कैसे पटता
उसकी सारी बातें कहतीं
सब कुछ कथा सुनो रे भाई
अब समझाने को क्या बचता
मुंड यहीं भारत में ही था
टिकी नोचवा यूरोप बसता
जान गये थे चतुर सुजान।

# एक दौर था, एक दौड़ थी

एक दौर था : एक दौड़ थी।
फैशन का बढ़ना तो तय था
क्या निश्चय था?—

पहले कटु तिक्त बताओ
फिर मधुरात्मक  कथा सुनाओ।

कौन जितात्मन? किसकी निश्चय जय? बतलाओ!

कैसी थी कम्पनी बहादुर? ताजतख्त संसद के दादुर
रटते रहते : नो इम्पायर! फिर कैसे बढ़ गये वो ताइर!

बनिये दोनों भारत, अंग्रेज! लड़ते भी रहते थे रोज रोज!
कभी मिल गये, कभी लड़ लिये! तो ऐसा क्या नया पा गये

जिससे जीत अवश्यम्भावी लगती थी, पर नहीं प्रभावी
कारण  कोई एक लगता था पैसों की माया जगता था

अवध और बंगाल मिले जो मैसूर, महाराष्ट्र चारगुने
पैसे दे जाते थे उनको, और तीन बन्दरगाहों को

पाकर बने धनी अँग्रेज! कब्जे में सारे रँगरेज
नील और कपड़ा-व्यापार दे जाये पैसे दो चार
पैसो से जो मिले सिपाही, कर सकते थे बहुत तबाही

जो विरुद्ध लड़ने वाले थे, गोरे कुछ थे, दल वाले थे

प्रिंसों के, रजवाड़ों के लोग! उनके सम्मुख जो संयोग
नई मशीनगनों के साथ— पेंशन पाने को सौगात
किस्मत भी कुछ साथ दे गई, पर ये बातें हुईं नई

धन का, शूरों का संग्राम! मिल गये उनको सभी इनाम!

## सोलहवीं का स्वप्न-भंग

हिन्द महासागर सोता था, उलट पुलट करवट बदले हैं
किन्तु सोलहवाँ चढ़ते ही बस, यूरोप प्रणय आतुर लगता है

पुर्तगालियों की बन आई, पाइरेसी ने नाम नया ले
हद्रामौत में करी लड़ाई, सात डुबोये, सब ले भागे
मलाबार, फिर कोंकण, गुजरात, सभी जगह नयी बातें होतीं
सभी मसालों का व्यापार पुर्तगालियों की थी खेती

पास दिये जाते थे सबको जो भी गुजरे गोआ के तट
किल्वा टूट चुका था पहले, मिश्री गुजराती भी हारे
गोआ कुछ दिन बीजापुर के आदिलशाही राज्य में रहा
किन्तु मलक्का (अदन) होर्मुजी, अल्बुकर्क की जीत है महा

मुस्लिम रक्त समुद्र छोड़ते, सभी पास कार्तेज खरीदें
नयी दिशाओं में यूरोप के, जहाज के सब माल पहुँचते

दिऊ केवल टूटा है बाद में किन्तु जलें सूरत, रेंडार, कैम्बे
दमन बाद में आ जाता है, अब खम्भात आ रहा बॉम्बे।

## करघा, जुलाहा

**एक**

करघा एक जुलाहे सात
अब्दुल बिस्मिल्लाह के साथ

एक लगा अफ्रीका तट पर—
इनिकोरी जोजफ के हाथ
नाइजर नदी के तट पर सेगु
कनेम— बोर्नो, हौसा, जेन्ने

पश्चिम में अटलांटिक सागर
नदियों के जल का जंजाल
इग्बों— उक्बू में मिलते हैं
तन्तु, वस्त्र के कई महाल
जो खुद उपजा ना पाते
वस्त्रों से वो बदलन करें
सोना और कोला नट से वे
कपड़े पहने औ इतरें।

**दो**

हसनभाई करीमभाई भी

करघों की तो कई कई जात
लो, कर लो इनसे दो हाथ।

पहले लें आसाम की पट्टी
महिलाओं को तभी बुनेंगी
मिले चार, दो हाथ बुनेंगी
बाद में सबको साथ सिलेंगी

पट्टी के हैं रंग हजार
सबसे मिल-जुल बने बजार।
बैकस्ट्रैप विद्वान कहत हैं
इससे सीधो कुछ न मिलत हैं।

**तीन**

करघा चार रंग में बुनता
करीम भाई का नया जो आया
एक ओर आदमी लगे हैं
समय अनुसार सही खींचे हैं
बस इतने से नये रंग के
बनते कपड़े इतने अच्छे
भड़ौंच के करीम का सपना
सब लोगों को लगता अपना

**चार**

चरखे में एक खास बात हुई
पहिये लगे, लगी रस्सी भी
थोड़ी थोड़ी चाल बढ़ी है
इन सबसे टकसाल खुली है
बढ़े उपज, अब कोई न दिक्कत
सब रूई पर हुई मशक्कत
औ कपड़े खिलते जाते हैं
नये रंग से नव नाते हैं

## पाँच

नक्शा जैसा अब बन जाता
जो भी जैसा कर लेता है
वैसा सपना बुन सकना अब
हो जाता है देखो सम्भव

## छह

ट्रेडल लूम/ सूत का सिक्का
नाइजर के डेल्टा में मिलते, नील में रंगे कई इनाम—
चेक, स्ट्राइप के कपड़े, कंबल वेफ्टफेस्ड प्लेन वीव का काम
टयूनिक, टोपी, ट्रेडल लूम पर बुने गये पतले लम्बे
टुकड़े जो सिल कर बाद में देते हैं युग की पहचान

बांदियाग्रा के पूर्व स्थित टेलेम लोग ग्यारह सदी से
पन्द्रह तक रहते, वापरते, सूती करघे देवे अजान

आयत मैंटल, रैपर ओढ़े तरह तरह के कंबल केश
विविध चित्र ही नहीं मात्र अफ्रीकन लोगों की पहचान

अब कपड़े भी, गुफा पर, दफन श्मशन भूमिगत हैं
पुरातत्त्वविद दें उस युग को पूर्वमुसलमानी इमान।

अरबी में लिखा मिलता है दस अड़सठ टकरूर का काम
सेनेगल के तट पर मिलते पेड़ कपास; सूत-सिक्के
चौंदहवीं शताब्दी में कॉटन स्ट्रिप को सिक्का मानें सब
चैड लेक के पूर्वोत्तर में एक जगह, कहते कानेम

कौड़ी, बीड़ ताम्र औ चाँदी के संग उछल नाप गाये
ये सब बाद के, बर्बर लोगों के बुरको के संग आये

सहेल सहारा के बर्बर तो लिथम नाम के बुरके-सा
जो पहने, वह मानक, स्टैंडर्ड, लगता है जैसे सिक्का

एक सततता, साहचर्य, उपयोगीपन इस मुद्रा में
और लगे, बनता कई तत्त्वों से, इतिहास, जुटें परमान

**सात**

व्यापार का व्याकरण

।। अथ कार्पासिक जिज्ञासा ।।
कौन बने पाणिनि

समेटने कौन लगे
सब सूत वहाँ का,

पश्चिम अफ्रीकी तट से फैला
चीन समन्दर तक का व्यापार

औ' उस पर से काल-राशि यूँ
बिखरी पड़ी तारकों-कण सी
नौ सहस्र साल तक दिपती
झिल मिलाहटें हैं कॉटन की

सब दिक्काल समझ लेने को
माहेश्वरी सूत्र प्रभु! दे दे!
बदले में श्रम! पूजा अर्पण
अर्चन की सारी विधि ले ले!!

चरखा! करघा! बुनता! बिनता!!
चरखा! करघा!

## पश्चिमी अफ्रीका में कॉटन : वोले शोयंका

अफ्रीका में सूती कपड़ा क्यों चलता है महत् प्रश्न है
उत्तर के ही लिए खोजना पड़े किन्तु सब वहाँ चलन है

पहले लगता, प्रथमदृष्टया, यन्नवतामुपैति ही कारण-
पर इतिहास अगर उलटें तो सूती कपड़ा नहीं अकारण
पैदा किया जा रहा था पश्चिम अफ्रीका तट, भीतर भी
बांदियाग्रा का, बेनिन का; बेन्यू, वोल्टा, सेनेगल शारी
नाइजर तट नदियों के ऊपर, सहारा का मरु चाहे दुर्गम
कितना भी हो, जहाँ नदी है, वहीं शहर भी बनते, बसते
लोग रहेंगे जहाँ मिलेंगे स्पिंडल वोर्ल्स, तकुआ, टेकुरी भी
मुसलमान भी राजनीति भी टकरूर, घाना, गाओ, कानम

जहाँ झील है, वहीं नील है, चैड से जुड़ती नदियाँ दो दो
और वहीं पर मुसलमान अफ्रीकी भाषा, ट्रेड अनूपम
हस्तिदन्त सोना उपजाते, तो क्या अन्न संग सूत न उपजे?
नूबिया में तीसरी सदी से, बाद में मिलते शहर है अक्सम
एक सततता, सतर्कतावश, ढूँढ़ ही लेंगे पुरातत्त्वविद
तब तक हम सब जपें, मिलें जो भी उससे कि हाँ, कॉटन है।

बारह सौ का ट्रेडल लूम का प्लेन बीन का चेक है मिलता
माली की है गुफा— (सांगी) सी बांदियाग्रा संग्रह में नव संकलन है।

## व्यापार का विस्तार

शिव से पार्वती जब पूछें
द्रुपदसुता की करुण कहानी
विष्णुदेव की ओर इशारा
कर के चल दें भरने पानी

यहाँ वहाँ का।

कहाँ कहाँ तक कथा व्याप्त है
वस्त्रों की औ' चीर हरण की
जहाँ जहाँ व्यापारी पहुँचे वस्त्राभरणी
ले कर सुन्दर

चम्पा और मलय देशों में सूती का व्यवहार पुराना
उसी तरह अफ्रीका तट पर नौ सौ सालों से मस्ताना
व्यस्त हवाएँ ले जाती थीं पाल तने तो रुकता कोई
बेनिन और बिआफ्रा तक पश्चिम अफ्रीका जाये लोई
ये सब बहुत पुराना था कहते भगवान विष्णु सुन लो तो
सतरहवीं के बाद पूरा अफ्रीका सूत में लिपटा सा लो
जहाँ तहाँ का

उधर सुमात्रा जावा में भी कपड़े सूती, बहुत चलन था
सारे पूजा–व्यापारों में, मृतक दान दक्षिणा पलंग का
सामां दूर लोक में जाये, उत्सव शादी व्याह रचाये
साड़ी धोती, सब बहुरंगी, नक्काशी, ये सब काशी का

त्रिगुणात्मक  व्यापार, बार्टरों का भी एक जमाना आया
गुल्म, गुलामी, हस्तिदन्त, चीनी, चायों का था सरमाया
उसमें जुटे अफ्रीका वाह! त्रिकोणी में व्यापार पुराना
नयी चीज लाने को उत्सुक, नवयुग आया, गया जमाना

विष्णु बताते शंकर जी को
पार्वती भी हूँ-हाँ करतीं
चीन समुद्र जोड़ लेंगे तो
अटलांटिक व्यापार समांगी।
कहाँ कहाँ का

हिन्द महासागर विस्तार जटा-जूटों से ज्यादा फैला
उलझी इतनी लिपट लताएँ, कई चीजों का स्वाद कसैला
कुछ व्यापार अनैतिक भी थे, गँदला जल भी कितना मैला
जटा-जूट में स्थित लक्ष्मी, चन्द्र, अमृत और एक विषैला

घट तो व्यापा साथ साथ में
चौदह रतन निकास ना पाये
थे पहले; डच, फ्रेंच पुर्तगाली
अँग्रेजों ने मथवाये—
दोन जहाँ का

अब भारत को अमृत मिलता
शिव के सिर से उतरी गंगा!

## आजकल इतिहास ही खत है

जिस खत को पढ़ कर रोने का मन करता हो
वैसा भी कुछ लिखो न साईं!

नहीं विरहिणी! कहीं न राधा! कान्हा ने क्या आन छुड़ाई!

या सब हो गये मनमोहन
पद्म-पत्र मिवाम्भसा

गाँधी जो पढ़ कर रोये थे, या रमेश दत्त आइ सी एस थे
किस किताब का कौन सफा था?

इमेल के जग में नामावर ना जँचता हो
तो सच क्या ये जुलुम! न! भाई!

कहते हैं, नौरोजी ही थे
जिनके खत में तीर छुपा था
तरकश ले कर पहुँचे लंदन
गाँधी को वह तीर लगा था

पहले के वे लोग बड़े खुशखत थे,
क्या किताब लिखते थे
सौ पचास सालों में करता असर
जहर बुझता कमाँ-सा

तीर्थंकर जो नये बने हैं
उनके मेल फीमेल नहीं सम
फेथ और रीजन के नाम
दलों तुलसी के,
इक विश्वास नहीं रूपिणी!!

तुझमें! कवि वो क्षमता थी तो! पहले लिखते थे, दो रोते
ज्यादा को आँसू देने का श्रम करने का बखत आ गया
क्षमता का घटना न क्षम्य होता, चाहे इतिहास वृत्त
या वैयक्तितता; पुनः प्रगट हो जाये दूर्वा
मन्त्र कहो ना मेरे भाई!
भजन करो तुम साईं! साईं!

थोड़ा सबका सोचोगे, तो बात बनेगी, अवश्य जान लो
कोई भी एक चीज उठाओ;
रूआ का टुकड़ा ही मान लो
उसकी कहो कहानी सिन्धु सी;
गर्जन तो खुद-ब-खुद आ गया
नदियों ने सागर तो चाहा,
बलखाती कब चली न जाये
चुप चुप गुप चुप;
पहले उछले चिल्लाये हरद्वार
ऋषिकेश
पटना की गं गं गं गंगा,
कहाँ बिफरती, शान्तम् पाये

क्यों बिहार में नष्ट हुई चीजें,
शासन; हाथी दाँत की बिनी चटाई

खाट, खटोले, शिल्प कारीगरी, कपड़ा-लत्ता, खेनरा-चादर
सूत की कई गन्धों का मिटना कौन बचाये

कई प्रकार की चीज-बतूस जो मिलती पहले
उसका हाल हाल तक पाया जाना, फिर से लुप्तपने को
कोई दरज करेगा या ना? क्यों बिहार कल का
ब्रिटेन जो आज राह पकड़े—दोनों में क्या समानता
क्या क्या नष्ट हुआ है याँ, वह ही क्या वहाँ बिगड़ता लगता

इस सबपे कुछ सोचो तो, कुछ लिखो आध अर्द्धाली बनती
बाकी का तो ग्रन्थ बनेगा, मन कहता है अवश्य गूँथेगी
माला, मनका, एक लड़ी तो डालो कवियो! क्यों डरते हो
कपड़े के जूते पिन्हाने को तो खुद इतिहास चला आता
युग युग से

एक पैर उठता न चाँद पर, नील आसमाँ आर्मस्ट्रांग का
तुम भी भुजा फड़कती रक्खो, जुट जाएगा सीपी, मोती की
लड़ियों की क्यों करो प्रतीक्षा
बीननहारी की इपदीक्षा
कठिनाई  लेती रहती है
विद्वानों की सतत परीक्षा

उतरोगे तुम खरे! लिखा लो बात लगा लो गांठ, शर्त
कुछ भी की! साईं!

पुस्तक को पढ़ने का क्रम बनता हो
वैसा ही कुछ लिखो रे भाई!

इतना क्यूँ लिखत-पढ़ते हो?
कह दो केवल दो चौपाई!
कलि बारहि बार दुकाल पड़े!

## यह लगा भीम अभियोग

यह लगा भीम अभियोग
पांडवों ने भी योगायोग
बनाया मन था चीर हरण का
अफ्रीका में अनौद्योगीकरण का

लगाते हैं अब जो अभियोग
जुटाते साक्ष्य और संयोग
कि उनमें पेड्रो भी, गोअनीज
आग में घी दे दें चाइनीज

अफ्रीका का कितना उद्योग
बनाता फिरे सूत; संयोग
सिल्क का कहीं नहीं है नाम
बनायें ये कैसे ब्रोकेड?

नहीं, ब्रोकेड बनाना एक;
उद्योगी कुटीर भले हैं नेक
कि उन का जो भी हो उत्पाद
उसी में कमी, बढ़त है अनेक

उसी को कहते चीर हरण क्या
नहीं, एकाध व्याधि अपराध
नेटिभों का है नहीं मरण क्या?
कहे है चोर, कभी का साध!

कि भारत के व्यापार के कारण
अफ्रीका का घटता उद्योग
और उत्पाद कि क्या संयोग
इसी पर विशद विवेचन करते
विद्वानों के संग कई लोग!
पांडवों का मन कितना साफ
युधिष्ठिर के मन में भी पाप

हस्ति का दन्त चाहिए उन्हें
इसी से नर कुंजर अभिशाप

पाण्डवों का भी पक्ष न कृष्ण
श्वेत का श्याम कहें धृतराष्ट्र!

कि हाँ, अज्ञातवास सप्रमाण
भीम का इधर–उधर मुँह मार
जुटाया सैन्य, हिडिम्बा दैन्य

भास का मध्यम का व्यायोग!

कि इसमें अधिकारों का हनन
हुआ जो कुछ निर–आवरण
वही तो वस्त्र विदेशी बिका
लगाते हैं अभियोगी लुका!

ग्राफ और फिगर न दे कुछ साफ
इसी से कई मुकद्दमे माफ
चीन ने किये पुराने प्रश्न
अति प्राचीन, जिम्बाबे किले
और उनकी जो है प्राचीर

कि उसपे कई उद्योगी जिले
उन्हीं के उत्पादों में कमी
अभियोग ब्नता सा लाजमी!

और भी देश कई, विद्वान
लगाते उत्पादों पर ध्यान

शोध में प्रश्नों में सनसनी
कहाँ खोया कोई आदमी?

तो फिर बिन खोये, रोएगा वो?
नहीं मानेंगे अभियोगों को—

पांडवों ने में आ गया विकार
उसी को वस्त्र न कहना उचित
हरण पापों का था अधिकार
कहीं कर्तव्य अच्युति अनुचित!

कृष्ण का सूत्र! लगावें मित्र –

हुई व्यापारों में धाँधली
चली बनियों की, ज्यादा चली
यही अभियोग बना अभिशाप
इसी से सारी दुनिया जली!

किन्तु पांडव निकलेंगे क्लीन
कृष्ण ने रक्खा सूत महीन
न्याय के लगे सभी हैं अंग
शास्त्र का वही पुराना रंग

और उस पर से पीताम्बरी!

नील को तरसे है अम्बरी
अफ्रीका का निरभ्र आकाश
बादलों को कब मिलता दंड—
भिगोने— नहीं भिगोने, पाप
लगा क्या कभी बताओ! भंड!

महाभारत की कथा अनन्त
किन्तु अफ्रीका में! हा! कन्त!

नहीं ठहरेगा मध्यम मार्ग
नहीं अभियोग, नहीं व्यायोग!

भास से ले लेंगे दो घोष
और कुछ अव्यय, प्राण सघोष
अल्प और ह्रस्व, गुरु लघु

बना देंगे गंगा पर घोष—

भीम को दे देंगे झोंपड़ी
उसी में बिन वस्त्रा द्रौपदी!

एक तो ठीक, दूसरा? देश!
काल का करना जरा विचार!
दिक्‌काली जो पट बुनता सा—
उसी पर ताना अत्याचार
कौन भरनी! कालम् का देश
चतुर आयामी यह सन्देश

स्वयं जो डिइंडस्ट्रलाइज होएगा-
कि क्या (कहाँ) खा कर करता उद्योग
कि कर पाये कुछ अन-आवरण

उसी से बन जाये संयोग
और अफ्रीका से जो थी बात
कई सदियों से, चलती, सात
तो कम से कम जुटा प्रमाण
कि कैरो से कपड़ों के थान
नहीं, छोटे टुकड़े मिल गये
सूत के ये प्रयोग थे नये

कि उन सबपे कैसे अभियोग
पुराने चलते रहे प्रयोग
उन्हीं पे लगे नये जो दफे
कोड से पहले थे जो छपे

अत: अभियोग से माना मुक्त!
भीम! कुन्ती। पाण्डव संयुक्त!
अविभाजित जो यह परिवार
नहीं ऐसा कोई व्यापार
सिद्ध हो पाया; लगे ना दफा
मुकदमा पूरा-पूरा सफा!

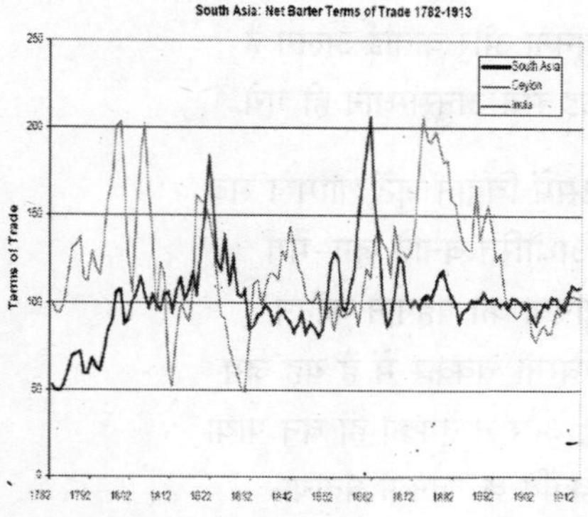


One explanation for the weak terms of trade boom is that India remained a gross (but not a net) exporter of cotton goods even when British factory textiles flooded Indian's domestic economy. *( Trade and Poverty When the Third world fell Behind. MIT Press)*

## किन्तु और परन्तु बोले

नये महाभारत के रण में; याज्ञसेनी उपवीत किन्तु थी
एक वस्त्र तो कहने को था, अन्तर्वस्त्रा थी परन्तु भी ।
अफ्रीका संग-संग चलता था, भीम हिडिम्बा पहन तन्तु भी

छीना झपटी, कपट द्यूत सब हुई पुरानी बात आज तो
घावों को मरहम सम देखें, लात पड़े और उठे हाथ दो
ये सब पीड़ाएँ हरणों की, ज्ञातवास के आहरणों की
कीचक बध के संस्मरणों की, द्रुपद सुता के आभरणों की
अनौद्योग का पट झीना हैं, दुःशासन ने ही छीना है—

इन बातों पर द्रोण-द्रुपद के सुत लड़ते भी; अब ना-ना है
घटे वस्त्र, घट गयी गरीबी, किन्तु वस्त्र आहरित हो गया
अर्थशास्त्रियों के समक्ष तो एक विलक्षण गणित हो गया
चीर हरण, उद्योग कम हुआ—इसके कई विधान हो गये
वैश्वीकरण, अन्य उत्पादन; बुनना और कताई अलग है
ये सब बात धूलि प्रक्षेपण; कई सब अनुसन्धान हो गये

बना एक जी. इ. एच. एन. उसमें विद्वान जुटें,शामिल सब
कई पुस्तकाकार आयतें, बहु अथौरित बनाते जग-मग
'कैसे हिन्दुस्तान सफल था दुनिया को पहनाने कॉटन'
उन बातों पर सम्मेलन कई, घिरनी चक्कर में है यह जग
किन्तु तीर वह लगा कहीं पर, और न तुक्का ही बन पाया
सूती उद्योगों को औद्योगिक क्रांति का जनक बताया;
पर द्रौपदी अभी तक रोये, पाँच पुत्र मारे थे छल से
अनाचार सीमित कब होता, 'जय' काव्यों की नई सज-धज से।

## आधा है चन्द्रमा...

अफ्रीका में सूती कपड़े का चलन कभी से
जब से पहने परिधानों को लोग तभी से!

या तो कब्रों से निकले या बरतन में रहना लिपटाये
तरह-तरह के बीडा के टुकड़े, पुरातात्विक मिलता जाये

सूत रहा करता प्रयोग में कम से कम नौवीं शताब्दि से
ऊर्ध्व रहे करघे, पैरों से चलने वाले, पन्द्रह सौ से!

बंदियाग्रा नेक्रोपोलिस में मिल जाएँगे रेशम भी
नये तरह के कई नमूने, पहरावों का नया चलन भी!

बेनिन शहर में जो मिलता है, उस पर तो अफ्रीका खफा है
पुर्तगाली जो आये पहले, उनका भरा हुआ बक्सा है

यूघोटन में विदेशियों ने दो हजार सूती खरीद डाले
यूरोप से आते वूलेन थे, भारत से सूती चार खाने
सादा कपड़े, वैसे ही जो बनते थे खुद अफ्रीका में,
विदेशियों के आने से उत्पादन में भी बढ़त दिखाते

सभी पोर्ट के लिए अलग ही रंग रूप के कपड़े आते
उन सबके बदले में हस्ति दन्त, गुलाम सभी ले जाते!

## बात आधी...

अनौद्योग क्या अफ्रीका का भारत से था?
प्रश्न, अरे! वह यूँ ही लोग... कहें! उठता था?

कई लोगों को, नये शोधप्रज्ञों ने माना
उसमें क्राइगर का है नाम बहुत पहचाना

पीड्रो भी, कहते कई छन्दों में यह बातें
भारत से मारी न कभी पेटों पर लातें

सब कहते हैं अफ्रीका में नवोन्मेश था
हाँ, यह कहने में छाती ऊँची अपनी होती है
थोड़ा बहुत जगाया बाद बहुत गाँधी ने
किन्तु अन्य व्यापारी जन का भी स्वदेश था।

# काउन की मार्टिन को चिट्ठी

एक जहाज और आ गया
अब अपना माल बिकेगा कैसे?

सफाविद के राजा उलटे
दक्षिण भारत में है सूखा
गुजराती संकट में सारे
सेनाओं की गश्तें हलचल

औ इन सबके कारण मन्दी!
ऊपर से एक जहाज आया
    'फेम' —बहुत नुकसान
    होएगा 'विलियम' को,
    अब क्या करना है!

काउन बोले:
मार्टिन भाई!
ऐसे में धीरज धरने के सिवा
    नहीं कुछ
    यही धरम है

परम मित्रवर!
चाहो तो देशी में उतरो
छोटी नावें, तुरत मुनाफा
अन्तर्देशी काम करो अब

कलकत्ते से सूरत लाओ
बेचो, तुरत मुनाफा पाओ।
बीस फीसदी हो नुकसान
मैं तो अस्सी लाभ कमाता
औ उसके भी कम ही समझो
    बहुत माल है...

    चीनी, गुड़ है और नये
    बन्दर खुलने है, होर्मुज
    होने को है अब्वासी अब तो

फिर बहुरेंगे दिन अपने भी!
                मार्टिन भाई!

## अफ्रीकन तट पर शंकर

पाँच नदी की कथा कहूँगा! शिव जी बोले,
अभी अफ्रीका से लौटे हो! भारतवासी
कथा कहोगे?
अस्ति गोदावरी तीरे...

भाग्यवान! यह कथा पंचतन्त्रों से सुनते आये राजा,
पुत्र राज
जो पाट न समझें
इस युग में तो अँगड़ाई ले रहा अफ्रीका
उसकी नदियाँ, मन है लादूँ, जटाजूट में
सबको बाँधूँ
तब ही तो यह कथा सृजेगी—

अच्छा! बतलाओ। देखूँ हूँ,
बहुत भटकते!
सार कथा का प्रथम बताओ
अब पहेलियाँ नहीं बुझाओ!

क्या पुराण का नाम नया हो?
साधु, असाधु न कहूँ वृथा हो!

जुंज, मोगादिशु, जंजीबार, जिम्बाबे सब हैं
इन देशों के नाम रचे इतिहास पुराना
नया जमाना

नदियों की ही बात सुनेगा
बँधने को सौगात चुनेगा
ताना, सबाकी, जाम्बेजी भी
लिम्पोपो औ नदी इक उतरे
किल्वा के ही पास माफिया
इन नदियों की, इस प्रदेश में
जरा रमूँ, इतिहास रचाना
कई पुरानी कथा सुनाऊँ!

लिंपोपो जो नदी बहे है
ट्रापिक ऑव कैंसर लिपटाये
ऊपर जाये
नीचे आये
सर्पवती नदिया बलखाये

सोफाला से उपर चढ़ते
मिलती नदी टेट, सेन, तट पर
जाम्बेजी के तटवर्ती
सब लोग उगाये चावल
केला, नारिकेल, कई तरह के कोको
यम, इंडोनिशयन भी मिलते

इन नदियों का तटमुख बदले
किन्तु गहन गम्भीरा हैं ये
स्वर्ण, गुलाम, दाँत हाथी के
बार्टर का इतिहास पुराना

सोफाला तो प्रमुख नगर है
स्वाहिली तट पर कें कारक

किन्तु नदी ना,

बे, इंलेट हैं
कोरल रीफ से बने सुरक्षित
साउंड आदि कई नये नये से
द्वीप, लैंडहेड सब महत्त्व के

तटवर्ती लो-लैंड डूबते
फिर उपराते, नदी डेल्टा के
सारे भाग नये उभरे जो
लोगों को आने जाने को
करे व्यवस्थित, नाव, नदी सब
इन संघटकों के कारण तट
ज्यादा उपयोगी हो पाते
भीतर से आने वाली चीजों को
दूर पहुँच पाने में ये सब घटक
व्यवस्था देते,
लोग जुटाते
गुल्म, गुलामी

लामू के तट मच्छर भी हैं
ऊपर ताना और सबाकी
फिर सोमालिया

लगता उमा अभी सो गई है
मैनग्रोव्स से शिव
सिर धुनते

ठंड खोजते
काम आएगा!
उमा उठो! इथियोपिया आया।

# इक सूरत की अजब कहानी

(पाँच कापड़िये सूरतवाले)

सूरत के बन्दरगाह के व्यापारी का इतिहास पुराना
असिन दास गुप्ता की जुबानी
सूरत के चढ़ने उठने की
गिरने, बदले जाने की सब
बन गयी थी एक सफल कहानी... गया जमाना

**एक**

**1550–1660**

किन्तु बाद के पन्ने खुलते, लोग बाग कम्पनियाँ पढ़ते
कागज पत्तर वी ओ सी के, चढ़ें लुटेरे मनमौजी से

सतरह सौ चौंतीस, छत्तीस में, इक कम पचास लुटे थे कितने
बॉम्बे ने भी सिद्दी भी थे, वी ओ सी कब पीछे हटते
लाखों में डिमांड करते थे, दो चार दो का दम भरते थे
सूरत का व्यापार मुद्रा था, भीतर अन्तर्देश गया था
कुछ काठियावाड़ से गया : इ. आइ. सी. का लाठी फौजा
और मुगल के शासित का था, नया बना कस्टम का मौजा

लाठी का व्यापार बढ़ा है, फौजा का घटता लगता है
सूरत का व्यापार न घटता : नये जिल्द का पन्ना खुलता
चार नया अध्याय बताएँ, ब्रांडसे आर.जे. नये दिखाएँ
पन्द्रह सौ पचास से सोलह साठ में लगते पंख नये से
अहमदाबाद नया मेट्रो है, सूरत भी है औ कैम्बे है।

**दो**

**(1670–1700)**

येमन, लाल समन्दर से जाते हैं सूरत से व्यापारी
फारस का कमता व्यापार, चीन, आग्नेय एशिया मरता
कैम्बे का, काठियावाड़ का नौसेनिक व्यापार कम हुआ
किन्तु भीतरी ट्रेड बढ़ा है, सूरत अभी न खतम हुआ है।

**तीन**

**(1690–1750)**

सूरत का व्यापार मिडिल ईस्ट और आग्नेय एशिया से कम
होता लगता; किन्तु कोस्ट का व्यापार बढ़ा, कलकत्ता पहुँचा।
सूरत की वित्तीय प्रणाली, बैंक हुंडियों का आकर्षण
और बढ़ा चीजों का बनना, कपड़े, हीरे में है कर्षण।

**चार**

**(1750–1790)**

गुजराती सूती रेड सी भी और चीन की ओर जा रहे
किन्तु बम्बई में उगता सूरज, नये बंदर को नयी सलामी
सूरत में हीरे कटते थे, बुनकर, रँगरेज, प्रिंटर कई थे,
ताप्ती का तट बालू भरता, इस कारण से सूरत मरता।
कैम्बे का भी यही हाल था, पोर्ट बन्द होने पर चलता
नये तरह के व्यापारों से, कपड़े मनके, हस्तिदन्त से।
कैम्बे से सूरत आया जो, सूरत से मुंबई जाता है
इक सूरत की अजब कहानी,
नये उजाले में गढ़नी है
कई जिल्दों में अरबी सी है।

**पाँच**

मुल्ला फखरुद्दीन प्रतापी मुल्ला अली के
पोते छयालीस में मुम्बई जा

पहुँचे, और लगाई नयी लड़ाई
तेग बेग खाँ उलटे जाये
इसकी कोशिश कर ली सबने
किन्तु गिरी न, गयी नवाबी
नहीं किन्तु सूरत डूबा
ओ मुम्बई उभरा बाद बाद में।

# सागर का मत्स्य न्याय

## दिऊ बन्दर की उछल कहानी

मोम्बासा और मकाओ के
व्यापार की कथा सुनो भाइयो!
सत्तरह सौ सोलह के पहले
गोआ, दिऊ हो हो कर जाते—

सब जहाज, व्यापार पनपता
किन्तु उतर आये अँग्रेजी
सूरत से आता मकाऊ का
सब जहाज बिन दिऊ को छूते।

## दु दुल्हिन...

ज्यों केले के पात में पात पात में पात
हिन्द महासागर के बन्दरगाहों की औकात

जान गये तो बहर कुल्जुम से आएँगे साथ
स्वेज से जेद्दा एक तरह का, जेद्दा अल मंदेव
दोनों के नाखुदा अलग थे, वैसे फारस खाड़ी
ओमन से वसरा तक चौड़ी, अल-जेवल तक तीस
रीफ, शोल औ कई नखरे हैं पूरे कम चालीस

सिराफ, कीश, होर्मुज, गोब्रू एक तरह के हैं
यहाँ जहाज वहीं रुकते थे, जिन पर बड़ा सामान
और यहाँ से वसरा तक शत-ऊल-अरबी लोग
ले जाएँगे तोड़ उठा कर, छोटे हिस्सों संग

हिन्द महासागर को हथेली माने गर एक बार
खाड़ी फारस की अगूँठा,
        तर्जनी लाल बहर

जंज, अफ्रीका का पूर्वी तट, नीचे सोफाला
किल्वा, मोगादिशु कई अँगुली, माल भरे नीचे

गुआर्द फुई केप को कहते अरब रास अल हद्द
काबो दे रोसलगेट कहते पुर्तगाल के लोग
इस हदबन्दी के आगे पीछे है मॉनसून—

खुदा याद करता नाखुदा समय को ले पहचान
हवा बदल गई, रुख भी बदला तो रुकना पड़ता
नहीं रुके तो गलत सलत अंजाम भुगतना तय
यही कहानी बतलाने को इस्ट इंडिया खाता
सोलह सौ पच्चासी में है दर्ज बहुत बाताँ

ओर्मुज मर्चेन्ट, मौसमी, निजामी चले पूर्व अप्रैल बाद

हर भाटे पर, ज्वार भी हो, डालें लंगर वो
ग्रोब्रून पहुँचा दो जून को, सोचें, आगे लोग

चले जहाज पे जो भी थे, वे दिखें नहीं कहीं पर
किन्तु बाद में पता चला वे पहुँच गये बसरा भी

दो दुल्हिन थीं— अलहद्द पर पूरबी बातों का जोर
किन्तु पास की दुल्हिन कल्हट बे पे बातें और
एक ही घंटे बाद चलें गर दूल्हे इन दुल्हन के
दोनों का जो हश्र बताता ऊपर का वृत्तान्त

और जोड़िया दो दुल्हन की, वब अल मंदेव पास
किन्तु खाड़ी के भीतर कहीं से चलें, दक्षिणी बात
चला, कि उसके बाद पहुँचे न पायें खाड़ी दुल्हा
या जहाज, जो भीतर खाड़ी के चलता था, साथ
भारत भी ना पहुँचे, ना पहुँचे वो होर्मुज।
किन्तु पहुँच से जान ही जाये।

## मुम्बई – मेहता – मोम्बासा

मछली पकड़न को जब निकले
नाव पुरानी
जाल नया सा
उसमें कई गुटकियाँ फँसाईं
सीमारेखा समझ सकें जिससे कि बाद में
उन जालों को फेंक-फेंक कर
जल में डाला
और बैठ कर गिनती उलटी

घंटों बाद ही जाल समेटा
होने से कुछ पकड़ी जावें

मेरी हालत वैसी ही है
बैठ नाव में
फेंक जाल को
गुटकी देखूँ
कुछ गुटके उतराते, कुछ तो भीतर जाते

जाल समेटा में टाइम है
गुटके एकाध
दिखलाता हूँ

काल समन्दर
गोपीचन्दर

माइक्रो हिस्ट्री
हंड्रेड हॉरिजन—

पूरा तो क्या समेट पाऊँ?
खंड-खंड इतिहास दिखाऊँ

कुछ गुटके— गर जाल पुराना
बह जाते हैं, खुल कर जल में
ऐसे गुटके जब मिलते काल-प्रवाह में
शिथिल पाँव
मैं गिनता उलटी

अफ्रीकन व्यापार पुराना
किन्तु नया गुटका उतराता
उनकी ही मैं कथा बताऊँ
नये जहाजों के दौडों में
एक 'बऊ दी' भी तैरी थीं
उस पर बउआ मेहता भी थे
चौदह बरस, औ चाचा भी संग।

बड़े जहाजों पर जाना आसान
किन्तु खरचा ज्यादा था
कच्छ भड़ौंच कहीं से निकलो— मुम्बई पहुँचो
मोम्बासा गर पहुँच सको तो
पैंतीस पौंड। पहुँचना जंजीबार अगर चाहो तो
अस्सी पौंड झाड़ लेंगे वो

बच्चा मेहता मैडागास्कर तक
चच्चा जी के साथ चला तो
'फूलभाभी' में दसेक पौंड दे
मोम्बासा में रुक जाता था

खेप नाव की, राशन–पानी

ले कर आगे पहुँच सकेगा
सन् उन्नीस सौ की ठंडी थी
मुम्बई से 'फूल भाभी' सज कर
दिसम्बरी में दिगम्बरी भई—
यानी जहाज छूट निकला था
धौ को क्या जहाज कह सकते?

उस पर से तारों की जाली
जाली भी कितनी मतवाली
तूफानों को भी समझेगी
औ, कमाल से बात करेगी
नभ के, द्योतित तारों से सब दिशा पूछ कर

दिगम्बरी भई!
मेघा कप्तान!

तारों से, सूरज, सलेट पर
गणना करके मेघा भाई!
पहुँच गये मोम्बासा तक तो
छब्बीस दिन में; सतरह तारीख
नयी सदी का—उन्नीस एक था

जहाज से, टाइटैनिक सम भी—
भाभी फूली, फूलमती भई
मेघा का जो ज्ञान विशद था
सौ सालों का था वह अर्जित
पर दादा भी चप्पू पर थे

पर यात्राएँ इतनी लम्बी

चौबीस सौ से ज्यादा मीलें
ऊपर से उड़ती थीं चीलें
और तारकों से ज्योतित नभ
रात रात को दे आमन्त्रण
अँधेरे का जादू जाने वही

कवि, वो गणक, संगणक
अक्षांशों देशान्तर तक की
सब व्यवहार गणित से समझे
मेघा भाई नई रसद ले
आगे पहुँचाने को तत्पर भये
दसेक दिन में
भोग लगाया, रमणी-सुख भी
बउआ मेहता थोड़ा समझे
कम ही जाने रमन-चमन को।

## हाजी, गिरमिटिया और बलमा (1834–1937)

सिपहिया : मरते-खपते, कम घर लौटे।
नयी गुलामी— कई कारण से
मालिक पर निर्भर करता कि काम करा ले वह किस फन से!
बनो सिपाही या गिरमिटिया
कॉफी, चीनी, चाय का पउआ—
पउआ क्यों कहते हो इसको?
मन की शक्ति; समझते बउआ!

सौ सालों का अन्तराल गर
अठारह सौ चौंतीस-उन्नीस सौ सैंतीस
ले लें, जाते तीन करोड़ हैं
किन्तु लौटते बस ढाई ही।

और गुलामी नयी किधर से?
एक बार दुबारा गिन लें तो
समझ आएगी बात तुरन्ता
तीन तरह के लोग मर रहे—
सबसे ज्यादा गुलाम मरते
थे, उससे कम नये गुलाम
खपें, सबसे कम श्वेत नागरिक
बसने जो जाते अमेरिका
या जा सकते वे आस्ट्रेलिया
हज जाने वाले भी मर-खप!
नये गुलाम का घर लौट आना थोड़ा बढ़ा पुराने से पर।

# रोमन मन धारित जो भारत

रोमन मन धारित जो भारत
यवनों का निर्धारित भारत
फोनेशियन का कल्पित भारत
और बाद का अजब
अजायब हिन्द
नहीं, अलहिन्द
कल्पना

इन सबका उद्घाटन, गाहन
अवगाहन, अपचिन्तन, कल्पन
कोण आग्नेय देश के प्रान्तर
में कल्पित, पुष्पायित भारत

सभी अलग हैं, सभी एक हैं
कई विवेचन, नयी टेक हैं
सब गीतों में भाव स्थायी
सुर मिल जाये भाई, भाई
वसुधा पर के कुटुम्ब एक हैं।

## शंखों का आकाश नील है

बैगनी देता—राज रंग है!

बहुत दिनों तक राज रहा है
इसी रंग के
सब दीवाने
बाद-बाद तक चलता रहता
इसी रंग का
राज, न जाने
क्यूँ दीवाने?

महँगा होगा? हाँ, अवश्य ही!
मुश्किल से भी मिलता होगा! हाँ मोरार जी
बूँद बूँद कर चोआ बनता
किन्तु रंग पक्का निकलेगा
यह गारंटी
इसके कारण नया फील है!
शंखों का आकाश नील है।

बहुत बाद में निलहों का भी राज्य आएगा
रॉयल पर्पल की याद रहेगी
चम्पारण का अरण्यरोदन
अँग्रेजो! भारत-निष्कासन
कई रंग हैं। सभी भीत थे!

## सार्वकालिक बन्दरगाह

नये पोर्ट का यह लम्बा-सा
नये योर्क से मिलता जुलता
मुम्बई, चेन्नै और मोम्बासा
अदन, कराँची और मलक्का—

हर बन्दर की अलग कहानी
कोलोनियल की सुनें जुबानी
सत्तरह सौ छब्बीस आस-पास में
मोम्बासा में बदला सब कुछ।

पुर्तगाल के पास किला था
बिन अशिर इब्न अल हलील
रोके रक्खे थे कई महीने
किन्तु बाद में दे दी चाभी
किले, बजार सभी कुछ दे कर।

किले, हिले, बदले लोगों ने
चाभी, ताला, कई कहानी
पाटे के, ओमानी, मस्कट
सब के संग-संग गई पुरानी

बातें, ढंग बार्टरों के भी
आइवरी के बदले कपड़े
कभी किसी के हाथ बन्द

कर दिया बार्टरों का व्यवहार
लड़ाई होनी तय थी फिर तो
हों सुल्तान मिलें सूरत से
या सिन्धों के दलाल से भी
मस्कटियों ने गर यह व्यापार
कुछ लोगों के हाथ से छीना
तो आन्दोलन, या लड़ाइयाँ
या सशस्त्र क्रान्ति संग जीना।

पुर्तगाली गोआ में भी थे
केप टाउन, बटाविया में भी
किन्तु कहाँ से रसद, मदद सब
आ पाये उससे ही तय होता
जहाज किसका कब डूबे
या कि सितारा, पुर्तगालियों
का तय होता; नहीं मस्कट
ओमान राज तो क्यों कर
लेने को उद्यत हों—
बन्द कर दिया इक लम्बा सा
'अब ना लेंगे हम मोम्बासा'

## कब होंइहे गउनवा हमार

नये शहर कुछ उग आते हैं—
पुराने को पीछे छोड़े

अदन, होर्मुज, कैम्बै, कालिकट किल्वा, मोगादिशु और जेद्दा
समुद्र पासे, कैंटन, जायटन दसवीं सदी के तीन तरह के
शहर रंगीले बन्दर

किन्तु नये का सेट उभरा है सूरत जोर पकड़ लेता है
बन्दर अब्बास होर्मुज के तट बसरा पर भी नया वसेरा
मोचा ऊपर, जेद्दा कमतर इसी तरह का उल्टा-पुल्टा
पाँच सात सौ साल में होता

नये बन्दरों पर दुल्हिन नयी मसुलिपतम, हुगली, आकेह
बैंटम, टोंकिंग और मलक्का कैंटन, गोआ पुनः बटाविया
नये उगे मद्रास, कलकत्ता फिर आ जा सूरत से बॉम्बे
नये चलन से गहरे बन्दर—
—गाह पुराने डूबे अन्दर!

सुनली है कि दुलहा भेंटल
अलहिन्दों के गये जमाने
होते जाते नये पुराने
हिन्दमहासागर के दुलहिन
सुनली है कि गउना हो गेल!
...हँ! रोये! हिन्द महासागर के दुलहिन

## फरास की खाड़ी

दजला और फुरात की घाटी
कई सभ्यताएं पनपी हैं
पर आज मैं कहूँ कहानी
शत अल अरब में कितना पानी
ससानियन उबुल्ला उमगे
बसरा को जो चढ़ी जवानी
नीचे फिर सिराफ, कीटा, होर्मुज
ले लूँ पहले, नाम तबारी
की तारीख में लिक्खा है सब
अल मुकद्दसी दिखलाते हैं
'अहसान अल तकसीम' में देखो

बसरा की क्यों पड़ी जरूरत?
अल-उबुल्ला में बड़े जहाजी
किन्तु हिन्द से या ओमान से
फारस के साथी, लड़ने को
आयें तो फिर कौन बचाये—
इस कारण बसरा लहराये

अल मुकद्दसी का कहना है
बसरा तो आगे बढ़ता है
पीछे छूटे शहर पुराने
बगदादों के गये जमाने।

## द स्पिन

विश्व दृष्टि ही बदल रही है,
नहीं, सृष्टि ऐसे ना बदले!

दुनिया को, अलहिन्द महासागर को देखा करता यूरोप
साल तीन सौ से ज्यादा कुछ पहले से ज्यों चहबच्चा है
पौंड़ो, फेंक खिलौने, तोड़ो, पानी, लोग उलीचो, मारो
पर दसेक साल से विद्वद्गण सोचें कि यह ना अच्छा है

हिन्द महासागर को देखेंगे अब
नई दृष्टि ले, महत्त्वपूर्णता
बदलेगी, कारक बदलेंगे, क्रान्तिदूत के ;
मिलन नया लगता है दिखता

नयी किताब की नयी जिल्द से
उल्था कर कुछ पढ़ देता हूँ

बुरा न मानो। जब भी बदले
यूरोप, दिल तो जी बच्चा है।

## बुद्ध की अस्थियाँ एवं अवशेष

बुद्ध की अस्थियाँ एवं अवशेष
ये दान, वस्तु, इनाम, ट्रिब्युट
या स्वयं भोग उपभोग चीज
पर बनता है बाजार बहुत।

तुल जाती सिक्कों, सिल्कों में—
मन्त्रों, मुद्रा, मंडल में थीं
सूत्रों से कई गुणित होतीं
अनुवाद, पठन-पाठन, वाचन
से मिल जाते हैं पुण्य बहुत।

अवशेष अस्थि से छू जा कर
चीनांशुक के फहरें पताक
उन कपड़ों पर उतरे जो चिह्न
उन सबका है व्यापार बहुत।

# कपड़ा, देखो ! बनता सिक्का

द्विकम्बल्या उस मेंड़ को कहा जाता था जो दो कम्बल्य अर्थात् दस सेर ऊन के बदले में मोल ली जाती थी (4 I1 I22:5 I1 I3:), कम्बल्य (5 सेर)। ऐसे ही त्रिकम्बल्या पन्द्रह सेर ऊन के बदले में ली जाने वाली वस्तु थी। काशिका में पंचाश्वा और दशाश्वा शब्द भी आते हैं, जो किसी महँगी वस्तु के लिए प्रयुक्त होते थे, जो पाँच होते थे, जो पाँच या दस अश्वों के बदले में ली जाए।

किल्वा, केरिम्बा, अँगोछे
में बनते अफ्रीकन कपड़े
दमन में जम्बूसर से आते
अफ्रीकन बन्दरगाह जाते
हस्तिदन्त से, नमक की सैलरी
दान-दक्षिणा में उपयोगी
किन्तु बाद में भावनगर भी (मोजम्बिक से)
आये काठियावाड़ से कपड़े
कच्छ से पहुँचे बहुत भाटिया
पुर्तगालियों ने की सन्धि
फिर व्यौपार गुजरात का मन्दा
नया घटक एक उभरे अच्छा
बन्द गुलामी, ब्रिटेन अमेरिका
सूती कपड़े में है उतरे
तब से कम पड़ता है धन्धा
उसके पहले था सब एक्का
कपड़ा देखो बनता

## कोंकण के कूट

तट से देखें, नक्शे में भी (खारेपत्तन)
दिन में तट चिह्न, रात में तारे
नागपट्टि, अब ना दीखे
जेसुआइट जब यगे फ्रेंच पौंडिचेरी से आये वॉं फिर।
बालीयत्तन कोंकण के तट
टेबल पर बिठलाउँगा अब
अच्चबोल भी, मणिग्रामम भी
पनपें, फूलें फूलें विकसें भी
ये सारे बस किन्नें नहीं हैं
पेरिप्लस में वर्णित भी हैं
कई अब तक तो हिले नहीं हैं
कल्याण, सोपारा, चौल, बनकोट, दमोल,
जयगढ़, विजयदुर्ग
बाली के तट पर कूटों के
रक्षण को पुरानी नावों के
टूटे फूटे लकड़ी से विधि
पूर्वक वनयागों से बाँधे
इस विधि को माने सब कोई
कूटों के कारण बाडुंग के
राजा को लड़ना पड़ता था—
डच इस्ट इंडिया कम्पनी राज से

# कहाँ का ताना
# कहाँ की भरनी

## मध्य काल

नालन्दा में क्या चीवर था?
विक्रमशिला नया लहँगा था!
पुर इस्लाम में क्या पहने थे?
राजगीर में क्या गहने थे!
मिल जाएगा! मिल जाएगा!!

राजपथों के नव नगरों में,
डूबे पटना के नहरों में
क्या कपड़े का कोई कोना
भूल गया हो जिसे भिंगोना
मौनसून का प्यारा बादल!
कब आएगा, कब जाएगा!

## सूद पर भी कहाँ मिले

पुर्तगीज भी, डच भी आये
फ्रेंच गये, अँग्रेज भगाये
चन्द्रनगर, कौड़ी के बदले
सब के भाव के बदले जान
सस्ते छूटे, कपड़े थान
फ्रेंच कहे पैसा ना मिलना
चाहे सूद बाँध दो जितना
कारण कहते चतुर सुजान

राजकुमार अजीम-उस-शान
खो बैठे थे सभी इनाम
उसपे लगते थे इल्जाम
दुकानदार सारे बेइमान
कर लेने में खूब उछाह
बनिये ना खोलेगा गाँठ
डर के मारे चुप्पे चाप
दिखलाये ना कोई ठाठ।

इसीलिए फ्रेंचों को मिलता नहीं कोई व्यापारी ऐसा
जो पहले से काम करे औ माँगे नहीं पुराना पैसा
पहले का पैसा लौटाओ, फिर आगे कोई काम बढ़ाओ
लेकिन सूद जमा कर दे दो, फिर चाहे जितना नचवाओ
किन्तु फ्रेंच के सूद के सने कपड़े मंहगे, दाम इनाम।
चन्द्रनगर के सौदागर से सूरत में था अलग निजाम

## सूत और ऊन

बारह सौ में भेड़ चराते, सभी यूरोपी ऊन बनाते
भारत में सूती व्यापार, दोन चले रेशम व्यवहार
यूरोप में ऊनी वस्त्रों पर सादा रंग हुए न्योछावर

सन् तेरह सौ पचास में जर्मन, दक्षिण इटली, बुनते सूती
पर चमका व्यापार न व्यवहार, नहीं रँगरेजी का चमत्कार
रंगों का बाहुल्य नहीं था, कीमत में चापल्य बहुत था
फ्रुस्टियन या मिलाजुला कुछ वह भी जब आ जाये कुछ सूत
युद्ध, नाव डूबी, प्लेगों से धागे का आना था बाधित
सूतापट्टी बनने की कोशिश में लगे स्पेन, इटली ओ सिसली
किन्तु कहानी लाल इमलियाँ ऑटोमन में चले वेनेशिया
ब्रौड क्लौथ ऊनी होता था
सुल्तानों में भी चलता था

औ सूती भारतीय वस्त्र था पूजा में, व्यवहार, दान में
सबके रंग अलग मोटिफ थे सस्ते महँगे कई मोटिव थे
सूतापट्टी, इमलीचट्टी

दो क्षेत्रों में बँट गयी दुनिया शहर एक के कई मुहल्ले
पर दोनों के अपने मुल्ले व्यापारों में दो दो छल्ले
भारतीयों की बल्ले बल्ले।

सिक्के क्या क्या कह जाते हैं, पानी जैसे बह जाते हैं
लक्षद्वीप में रोमन सिक्के, ऑगस्टन भी, रिपब्लिकन भी।

## और्ण स्वप्न

सूत पसरता ही जाए, और ऊन की निकल गई हाय!
ना, पारस्थितिकी ही कारण नहीं, मात्र ऊन के कम विकास की
और नये कारक उगते हैं, जिसमें निकलेगा कपास भी।

सूत बाद में आया तो प्रतिस्पर्धा में ऊपर उठता है,
पहले बाजार ऊन के लिए बना हुआ, सूत को झुकेगा
मौद्रिक नीति बाजारू व्यवहार सबपे सूत की मुहर लग गई
जो भी लाभ ऊन को मिलता, सूत को अहैतुकी मिल गई
जो नवकरण उपकरण लगकर सूत की कीमत कम करवाते
वही ऊन के साथ मिले तो वोर्स्टेड में सूत को लगाते
वही प्राविधि, वही यन्त्र नव, ऊन के साथ सूत जुड़ के
वोर्स्टेड के कारण अब सूत न पीछे कभी देखता मुड़ के

ब्रिटेन का बाजार स्वयंचालित सा, आयातों को कम करने को
आयातित चीजों सम, नकलनवीसी में सब दम भरने को
उद्यत था, उद्योग इसी कारण पनपा औ' फूला फैला
इम्पोर्ट स्वस्टिच्यूट इंडस्ट्रियों का प्रताप निकला मटमैला
किन्तु सफलता मिली बाद में, सरकारी तन्त्र भी लगा था
केवल एशिया नहीं, बाद में बाजारों में अफ्रीका था
वहाँ चले सब माल, बिके, औ' उन सबसे उद्योग पनपता
औ' भारत में भी इन चीजों को सस्ते बाजार में पटका
हुआ यहाँ यह हाल कि ऊन बिका ना, लेकिन सूत था सस्ता
इतना सस्ता हुआ जानकर, निकल गई जाँ, भूला रस्ता ।

## कबीर और बेटी

हम क्या पहनेंगे यह भऊजी बतलाती थी
दुनिया को क्या पहनाएँगे— बुनते भइया!

गाते कबीर की वाणी, चर्यापद गुनते
बंगाल, छींट, मद्रास, मसुलीपट्टन सब

निश्चित करते कि कहाँ कौन व्यापारी आ
चुन लेगा, देगा बदले में सोना, ढ़ेउड़ा

राजा भी बेटी को कहता था, मल कर हाथ
यह क्या! सतरह लिपटों में ही आ जाती हो
दरबार भरा, मलमल की सतरह तहें तुम्हें
क्या ढँक पाएँगी? कम से कम सत्तर पहनो

अँगूठी में पूरा थान निकल जाये—
मलमल का— अथ मलगोला का लाता सहुआ।

# स्वप्नान्तराल

## स्वप्नान्तरिता

किसी वृन्त पर खिले विपिन में
एक वृक्ष है हरा भरा-सा, कई शताब्दियाँ उगीं वृन्त पर
कुछ विकसित-सी, कुछ हुई ठूँठ
खोज रहा मैं सच और झूठ!

वृत्तान्तों में, स्वप्नान्तों में, मृगमरीचिका, यात्रान्तों ने
ढूँढ़े सपनों के द्रष्टा को, क्रान्त दर्शिता उपरान्तों में
कौन देख सकता दूरी तक,
कौन देख पाया था कल भी
यह समझाना बहुत कठिन है
पहले खुद से समझ तो आये
नहीं समूचा पता लगा गर,
जितना भी समझूँगा उस पर
कर लूँगा बातें दो टूक

इतिहास में क्या घटता था
जोड़ गया उनको भी जो राशियाँ
कभी जुट ही ना सकतीं—

पर दर्शन को मिले अनेकों
कई प्रकार की नई गतिविधियाँ
उन सबके पीछे की मंशा
क्या रावण था? कौन था कंसा?

हर युग के अवतार अकारण होते होंगे,
सोच रहे जो
उनको भ्रष्टाचारों की संरचना पहले तो समझा आए
छुपे गड़े मुर्दे भी लाएँ, गृद्ध दन्त में फँसे मांस को
जब तक कोई नहीं दिखा, तो युग बीते क्या समझ में आये
पहले मन्त्रविद्ध हो जाऊँ, तब ही एक सुशासन पाऊँ
और दृष्टि में कालदर्शिता,
थोड़ी अपरम्पार दर्शिता माँ से कहकर,
भीख माँगकर, उलट कटोरा
गाता जाऊँ, देख न पाऊँ
कैसे भागे थे बग-टूट।

माउंटबेटन के ताने बाने, लटके झटके अँग्रेजन के
उन मेमन के, हस्तान्तरिता, कलहान्तरिता सब भेदन के
शताब्दियों के स्वप्नान्तरिता
अर्द्धरात्रि गये कपि नहीं आये
लक्ष्मण मूर्च्छित पैंसठ सालों
से संजीवनी राम तरसते
लेकिन है विश्वास अटूट
बोध रहा मैं सच औ झूठ।

## स्वप्न दिवा

जरतों का गत वयस्क यौवन
निर्गत रजस्वलाओं का जीवन
लोकदेव भंजन का गायन?
स्वप्नों दु:स्वप्नों में घर्षण
अघमर्षण मन्त्र लिखते खतूत।

इक श्रद्धा थी? क्या विश्वासम्?
एडविना रहस्य अप्रकाशम्!
स्वप्नान्तरिताओं का वाचन
शायद कुछ कर दे उद्घाटन

समाजवादी स्वर; फिर डोमर
हैराड, काल्डर के त्रिगुणात्मक
कहाँ मार्क्स? ये रज-सत् तम-सम
धन कर, दान, आय कर ही कर
इम्पायर भी गत यौवन था?
क्या तपस्वियों का सा मन था ।

कवि नागार्जुन का मैं बेटा
देख रहा था चौंसठ खूँटा
सब पे तान लगा था खेमा
चार दिनों में सारा लूटा

राष्ट्रमंडलायित जब होता, रानी की पालकियाँ ढोता

नहुश त्रिशंकु बना सा गिरता, नारी गजगामी सब खोता

कई नैया की जभी सवारी
करता मोहन कृष्ण मुरारी
छिड़ जाती जब कहीं बाँसुरी
असुर-ससुर सब लीलाधारी
बीत गई जो सदी, समेटे खूँटी में परचियाँ अबूझ
कुछ हिसाब जो नहीं दिया है
स्वप्नों में हिसाब चलता है—
शैलेन्द्र के खाते लिखता
हीरामन की कसमें टूट!

तीन कसम का, तीन जनम का; तीन चरण का, तीन मरण का
मिलता पटवारी अब जैसा, खाता नहीं, न सही ऋतम् का
सत्यम् खोज रहा है झूठ!

मैं ना प्रश्नों में उलझाऊँ, उर्वशियों सा मॉडेल पाऊँ
केवल देख रहा वक्षों को, अर्द्धनग्न, बेपत वृक्षों को
दिख जाती हैं मगर उधर भी मनरेगा टूटती कमर भी
कम खाये अधविकसित शिशु संग कब से पत्थर तोड़ रही थी

*...लौट जाती है उधर को भी नजर क्या कीजे*
*अब भी दिलकश है तेरा हुस्न मगर क्या कीजे।*

स्वप्न उलझते नागार्जुन के? सतमी सुत के ; चौधरियों के
राजकमल से? शतदल से कम दल कमलों के!

## सपनों से वैरोचन

मुझे न सपनों से बहलाओ
चाहे वे हिमगिरि से उतरे, याकि शुभ्रता और शून्यता
का दिगम्बरी परिधान पहिरें, लाएँगे क्या कभी भव्यता?
        आपूर्ति माँगों से मुझको सिद्धान्तों की लगी अल्पता

अल्पमति मैं, मैं वैरोचन, देहवादी का हूँ पारायण
मैं एग्नोस्टिक सिद्धान्ती बन, विचरूँ क्षण क्षण वन-उपवन

यहाँ माँग की डाल कहीं है,
आपूर्ति के फूल निकसते
क्यों कपड़े ने पहने लोगाँ
विविध तरह के चले विहँसते?
माँगों का यह विवरण दे खुश
पर इससे तो नहीं परीक्षण
पूर्ण हुआ करता है कि क्यूँ
ब्रिटेन को मिल गया सिंहासन! क्रान्ति मुकुटासन!
इटली, और दक्षिणी जर्मन
ये सब भी माँग से उपजते!
बाकी सब खाद, मिट्टी अच्छी, फिर क्यों उद्योगी बंजर पन
क्यों न हुई औद्योगिक क्रान्ति? माँग का करें पूर्ण विवेचन
नहीं पूर्ण सुख दे पाता है! इसीलिए मैं हूँ वैरोचन!

मुझको याद कोड़े, और केन
दर्द, बन्धनों उपजा पेन

मैं अफ्रीका में, कहीं एशिया
        मलयेशिया या इंडोनेशिया

सूत बना जो तुरत का कारण
        उसके हर गोले में खून
कुछ गोले में अर्धगुलामी
        कुछ में लगा गुलामी नून

स्वेद रक्त श्रम बिन्दु अनेकों
        बाजारों पे लगे कानून
कैसे सूत राज कर पाया
        रेशम, लिनेन, महँगा ऊन

इन सबके बावजूद कुछ था जो ला पाया उद्योग
एक बिन्दु तक ऐसे जिससे सभी गये अभिशापित योग
तकनीकों का हुआ विकास
फैला जग चहुँ ओर प्रकाश
किन्तु हुई जो बदहाली याँ
गंगा जी से मत नहलाओ
और नये सिद्धान्त न लाओ
मुझे न सपनों से बहलाओ।
मैं वैरोचन, मुझको याद मातृ का पीड़न!

# चलब मुजफ्फरपुर से मोतिहारी

## मजमा-ए-मुजफ्फरपुर

मेरे पास सुनहरे सपने,
किमख्वाबों के वर्क लगे हैं
किन रूपों को धारूँ, किन्हें निहारूँ
क्या काव्योचित होगा?

यथार्थ भी कई खो गये ऐसे बिन पानी के बादल जैसे
बाजारों के, अधिकारों के  छोटे-छोटे अतिचारों के

साबुन एक नया-सा लेकर या बट्टी या पाउडर को धर
पकड़ एक गँवई का चक्कर उसको नहलाते धुलवाते जाते
एक घुमन्तु बेसिन में सर

गन्दा बह जाएगा इतना-- ताली तभी बजेगी उतना
और बिकेंगी पाउडर बट्टी चमक रही है इमलीचट्टी

एक इलाका बना कचहरी
न्याय-लड़ाई के मुद्दालह
हस्पताल के कई मुरीद थे
मुद्दई कितने खुशनसीब थे
मुद्दई का सिर धुला-धुला सा
मुद्दालह भी लुटा-पिटा सा
मोदफलपुर के टीसन पर ही
छपा कैलेंडर इक परचा सा
साल के साल गुजर जाते थे

रोज खड़े खुद को पाते थे
सदा सोचते : नहीं यह मजमा
तेरे किसी काम का भाई
क्यों रुकते हो?
बातों में आते ही क्यों हो?
साँप नेवला! क्या बेंचेगा?
या लड़का ताबूत के भीतर
ऊपर से घोंपेगा चाकू
खून निकालेगा सच का क्या वह
ताली बजवाने को उकसाये—
जो ताली है नहीं बजाता उसकी तो...
खुद माँ मर जाये
मेरा बेटा! यहाँ पड़ा है
चाकू से घायल! दो पैसे
देने से जो हिचक गया वो—
घर जाएगा जैसे-तैसे?

यह सब जादू या तिलस्म था
रुकना मेरा तो लाजिम या
मुद्दई रूकते और मुद्दालह
नहीं रुका जो? क्या हाकिम था?

हाकिम, नाजिम, हिकमत, कुदरत
के इतने थे खेल निराले
सभी मुजफ्फरपुर के अन्दर
एक मील में खेले-खाले
भाग खड़े, भटकटैया भैया
ऊपर से तो पेंड़ बेहया

इन सबके झरमुट को जानो
कुंज करील, क्या लीला मानो!

## सड़कों के सपने नौतल्ला

मजमा इसकी प्रकृति में शायद! रिक्शों पर भी कर लेगा योग!

यहाँ बड़े सपने देखन को, सोते दिन भर बीड़ी पी कर
हिन्दुस्तान का राजा बनने, आ जाये फर्नांडीस के सहचर

राजा भी बनवा देते हैं
राजपाट दिलवा देते हैं
शाप; क्षणै रुष्टा-तुष्टा भी
दो पाटन, दलवा देते हैं

दलहन की तो फसल बहुत है!
खेसारी, विकृति में शायद!

नदियों के उस पार पहुँचना
या मन के भी पार सिकन्दर
पुर अन्तः खाली खाली है
बाँध सके तो बने मुकद्दर

मोती झील तो एक कटोरा
पानी लगता सालों से याँ

बनवाते जाते हैं कई तल
सड़कों के सपने नौतल्ला

जल की इक जिज्ञासा होती, अलकतरे को समझूँ जल्दी
सड़क सिमेंटित, खा जाता है, कचरा अधकचरा गाता है
जल से वैर सड़क को जितना—
उतना, उनकी नियति ही शायद।

एक बड़ा-सा विश्व विद्यालय, मन से किन्तु न विश्वायित है
घोर जातिवादी संस्कृति है, नहीं तो भला क्या रुकी तरक्की है!

डेरे माछी, खतूत सारे
शहरों के लोग अति प्यारे
किसने किसने चिट्ठी ना दी
गाँधी, राजकुमार, त्रिलोचन

शहर पोस्ट कार्ड-सा सुन्दर, सस्ता, दही चिउड़ा पर चलता·

आलू दम भरता है शायद!

# रैयत का बयान

चम्पारण का रण अद्‌भुत था
बातें कहने का जो सुख था

रैयत में विश्वास नया सा
पनपा उससे करता दुःख था
लगा सभी छोटों को, बड़ों को
अवलम्बन अपने पैरों पर
खड़े हो सकेंगे आगे जल्दी
खद्‌दर को गाँधी उन्मुख था।

## जीरात भवानीपुर

तीन कठिया, कुर्तावेली, खुश्की।

नदीया और जैसोर में पहले नीलहा कोठी का प्रकोप था
कविता थी, नाटक थे, दर्पण में दिखता सब दुःख-शोक था
किन्तु बंगाले में नीलों की खेती बन्द करा पाये थे
गाँधी जी के जन्म के पहले, मुखर्जी हरिश्चन्द्र आये थे
किन्तु अभागा था बिहार, कई जिरात थे; पाँच कट्ठाई या
किन्तु बाद में एक बिघे में तीन के में नील रोपना
        और उगाना, नियत मूल्य में सब दे देना-

गुदरी, जंगलाल, शिवराज- प्रगास सभी की मजबूरी थी
भाव बढ़े, फिर घट गये आवक बन्द नील की, हुई लड़ाई
जर्मन और जापान भिड़े तो चौदह में फिर शुरू हो गया
    ग्राफ बना कर दे सकता मैं, कैसे घटे बढ़े थे भाव
    किन्तु रैयतों को खटना था रात-दिन बस भाव-बे-भाव

## ...जिसने गुलाब रंग कीना दुपट्टा मोरा!

एक कहानी सूतापट्टी
एक कहानी इमलीचट्टी

कबीर बुनता सादा कपड़ा
ईस्ट इंडिया ने भेजा लन्दन
एडवर्ड उस पर छापे छींटा
एक बड़ा एक होता छोटा

अँगरेजवा से पूछे सूजा
डाई बताओ, फूल बनाओ
सैपनउड से गाल गुलाबी
रंग शराबी, चाल नवाबी

कभी इंडिया से यूरोप को
जाते कई तरह के सूते
पर उन्नीसवीं सदी ने पलटा
भारत पे अँग्रेजवा मूते
एक कहानी रॉबर्ट पील की
जिसने छींट का किया पजामा
सैमुअल औल्ड्रनो मलमल थामें
बीनना, बुनना औ मोमजामा
सूरत में था भाई मोटा।

एक कहानी सूतापट्टी

एक कहानी लाल इमली की
चलती रहती इमलीचट्‌टी।

इमलीचट्‌टी का व्यापार
ऊनियों में 'लाल इमली' बिके
बाकी गंगापार सूत था
कोरा, डोरिया और छींट था।

यही हाल यूरोप एशिया
यूरोप उनका था भंडारी
भारत सूतियों का व्यापारी
एक कहानी इमलीचट्‌टी
एक कहानी सूतापट्‌टी
एक कहानी लाल इमलिया
एक कहानी इमलीचट्टी
सूतापटटी में मरवाड़ी
ऐ मरवाड़ी! खोल किवाड़ी
आवे दे न लाल इमलिया
दे देहम हम सब बरबट्‌टी।

बहुत पुरानी बात कहत हौं
सूता के कारोबारी सब
जहाँ तहाँ पहुँचाते कपड़ा
एक मुहल्ला सूतापट्‌टी

डच आये, अँग्रेज फ्रेंच सब
पुर्तगाल, स्वीडी, डेनों ने
केप रूट से नया करैरा
बनवाया, व्यापार बढ़ाया
सूती कपड़ा बनता सिक्का
जावा, बाली और मलक्का

सूती कपड़ों का जो हल्ला
सूतापट्टी बने मुहल्ला
सूत करे मजबूत सब फन्दे
कसते जो व्यापारी धन्धे
में लग कर सब सीखें मुश्किल
बाजारों का मखमल-मखमल
यूरोप के बाजार ने सीखा
कैसा सूती? क्या-क्या कपड़े
इन देशों के वूलेन से
सस्ते पड़ते नहीं, कई लफड़े
सूती कपड़ों के व्यापारों में
कम्पनियों की एप्रेंटिश
शिप के होने से कॉटन
का रोल नया ही होते दीखे
औद्योगिक क्रान्ति के पहरुआ
सूतापट्टी के कई बरुआ।

## मुक्कदमा–ए–मोतिहारी
## न जायेंम, नजायेंम ! दिदिया मारी !

किस्सा सुनते हो रोज औरों के, आज मेरी भी दास्तान सुनो
राजकुमार शुक्ल : 27–2–17

नीलबरों का हमला ऐसा होता था
तब तक तो सब अमला–तमला सोता था

तालसरैया की कोठी में जेम्स मैकिलऑड
नीलबरों के राजा थे औ घोड़े रखते एक सौ बीस
जब जब कठिन समस्या आती सरकारों में चढ़ती पैठ

एक बारगी मौजा जोकठिया के लोगों ने बन्द
किया, नील के खेतों में बो दिया धान के बीजों को
और लगा दी आग बँगले में ! हई हो हई !
गाँधी जी के जनम के दो ही साल पहले यह सब होवे

किन्तु बन गई दो जज वाली एक अदालत छोटी–सी
मोतिहारी में केवल नीलबरों के किस्से सुनने को

केवल एक अदालत के खुलने से, सब कुछ पूर्व सदृश
चलता ही रहता हो— ऐसा करने को तो खुले न्यायगृह

अन्यायों का काम न्याय के आलय की स्थापना से

पूरा सधता सा दीखे है, बनने को थे लाक्षागृह

बेतिया राज पे करजा बढ़ता, उसके थे पच्चासी लाख
उसको पाटन हेतु कोटियों का व्यापार बढ़ा बहुविध

दाम बढ़ाते थे ऐसोशिसन वाले, किन्तु सभी देते थे कम!
सन् अठारह सौ साठ में लोगों ने ब्लूमफिल्ड को तो काट दिया
और गँड़ासा ले कर फेंका गिरा कचहरी में जाकर
फाँसी की थी सजा सुनाई कोर्ट ने उन तीनों को

हाई कोर्ट ने सश्रम कारवास साल छः में बदला
किन्तु आग तो लगी हुई थी गाँधी गये सन् सतरह में

सात मार्च में साठी कोठी के रैयत पर मुकद्दमा
उलटा ही औ' उल्टी ही बनी सजाएँ, रैयत पिटे कचहरी से
मालिश से क्या काम बनेगा, नये तरीकों से नव जुल्म
पेटिशन पर नहीं ढंग से काम कमीशन करता था

रैयत नील नहीं बोयें तो मुंशिफ, एक सौ सात लगा
काम कराना सम्भव नहीं हुआ तो साठी कोठी वालो ने
बेतिया राज से किया इकरार, नहर के पानी को देना
तय कर दिया, न पानी दिया किन्तु पैसा वो वसूल रहे।

शंख गुलाब औ शीतल राय ने सात-आठ में छोड़ा नील
और बताने लगे वहाँ के परसा के थे पास के गाँव
छोड़ो नील, एक मेले में; किन्तु जुलम के पेंच कौन कब
सब को बन्द किया फौजी ने, उलटा पड़ा सभी का दाँव

एकाध टम-टम जला मूर का, वहीं मुजफ्फरपुर के पास
मोतिहारी के दो जज से अब काम चलाना मुश्किल हुआ
मिस्टर गुड को फिर भेजा सन् नौ में चले मुकद्दमे कई

शीतल राय को ढ़ाई साल की कैद मशक्कत संग मिली
एक पुलिस की खास टुकड़ियों का फिर बन्दोबस्त हुआ
औ उसके रख-रखाव को केवल निकले थे तीस हजार

उन रुपयो का हर्जाना भी, शान्ति व्यवस्था रखने को
उन्हीं रैयतों से जाता था पूरा का पूरा ही वसूल

जुल्मों के ये प्रकार इतने जितने अनुवादों में ना
डंडा पेटी, पिटना, घोड़े से रुदवाना, मौतें भी
रैयतों ने सब साल जुल्म की इन्तहा देख ली थी इतनी।

तीन साल तक बोना नील के बाद रखेंगे परती तब
ही कोई भी फसल बोए, तब तक भूखे पेट रहो
और गालियाँ और लाठियाँ, और सजावल, जिलेदार को
देनी पड़ती दस्तूरी भी, बाकी काम रोक रखना
गल्ला बोना सम्भव ही हो पाता; नील में रहें फँसे।

और तरीके अन्य जुलम के इतने पक्के, बने थे कि
गिनना  भी मुश्किल, पैसा उगाहने में क्या मुश्किल
जिसके हाथ में ताकत हो, वह भाव घटे या बढे नील का
वह तो नहीं उगाने के भी पैसे-रुपये गिन धरवा।

लाखों में की वसूलियाँ तावान, शरहवेशी, हुंडा
हरजा—सब कई प्रकार के कागज बनवाया क्या खूब
करो खेती तो भुगतो, गर अब भाव गिर गया नीलहा का
तो खेती ना करने को, भरने का पैसा कई हजार

सभी कचहरी, नाजिम, मुंशिफ, इन्हीं कागजों को जाने
और सजायें सुना-सुना कर करती सबका हाल-बेहाल
नकदी में सब वसूल कर, कोठी वालों की चाँदी थी
अनाप सनाप वसूली की, फिर कोठी अन्यों को बेची

मैं रहता था बेली रोड में, पर बेली को जाना कब?
किन्तु जुलम की बात पढी जो, राष्ट्रपति ने लिक्खी थी
सन् बाइस में छपी, और बाद में तिरहत के मोशाय सोहोनी
ने कचहरियों का कागज दे, संवर्धित था बहुत किया

उससे ही उन बेली की मैंने थी कथा सुनी अद्‌भुत
नीलवरों के अभिनन्दन की लगी टिप्पणियाँ बहुत-बहुत
किन्तु जुलम इतना होता था, जितनी तरह वसूली की -

अबवाबों की, लगान की, पैन खर्च कठिया-तीन बहुत
व्यापक था, फिर सलामियाँ थी अपने ही तो राजा थे
सैंया थे कोतवाल, कई के वार्ड गलतियाँ माफ करें

जुरमानों के इतने भेद गिनाये राजिन्दर बाबू ने
अमही, घवही, घोड़ही, हवही, नवही—नाम सुना भी है

चूल्हे का था एक रुपैया हल्दी अगर उबाला हो
बाप मर गया, बपही दे दो, बेटा मरा तो पुतही दो।

## एक अध्याय नील का भी

नील के हर बक्से में खून कहाँ कानून?

मेरा जनम मुजफ्फरपुर का, पढ़ा–बेपढ़ा मोतिहारी में
गाँधी जी का पुनर्जन्म होना चम्पारण, मोतिहारी में
कोठी निलहों की चम्पारण में ज्यादा, सूत न होगा?
नानी के शोरे के करखानों में कोई अवधूत न होगा?

मेहसी में जो बटन बने थे, सीपी के बढेबू में गिनते
कागज की पट्टी पर धागा लगा लगाकर डब्बी बिनते
गाँधी आये पाँच दिनों के लिए निलहों की कोठी पर
देखा जो अन्याय, रुके वो कई महीने, आश्रम छोड़ा
कृष्ण गोखले का कहना था, भारत घूमो; देखो, समझो
चम्पारण में खोल दिया उनने स्वातन्त्र्य यज्ञ का घोड़ा

अश्वमेध का, नाम गिना सकता जितने सब साक्ष्य दिये थे
बाइस अप्रैल उन्नीस सौ सतरह से ले कर
जून तक चला, देखा, समझा
सबकुछ वकील के समक्ष लिखा,
नाम की फेहरिश्त है लम्बी
किन्तु पूत श्रद्धा के मन भर जाता देख महारत सबकी।

यहीं पर जनमा हुआ था दांडी मार्च का नून।

## नील की वंशी

नीलगरों ने काम बताया
निलहों को बदनाम कराया
 किन्तु नील के इतने काम,
 जिन्नै काम, उन्नै इनाम

नील की गोटी घुले-घुले ना
पानी में; क्षारीय घोल में
थोड़ा घुलना सम्भव होता
रंगना क्या, घोलों में धोता—

रंग ना चढ़ता तब तक उस पर
जब तक नहीं दिखाओ छप्पर
पर की हवा, बतास लगे जब
रंग नील का खुल जाये तब
आक्सीकरण - रंग का वरण!

और रंग गहरा करना गर
एक बार और डालें घोलों में
और डुबाकर बाहर लायें
हवा दिखायें, गाढ़ बनायें

इसी रंग की दुनिया पागल!
मातल! मादल! वंशी! मादल!

नीलाम्बुज श्यामल कोमलाङ्.गम्...

# कवि का कहिहैं चम्पारण के

नीलहों का व्यापार पुराना
घोंघा, सेतुआ बटन लगाना
अंग्रेजों के पहले डच थे
क्या वे भी खेती करवाते?
चम्पारण में बौद्ध रहे तो
छूट गये स्तूप केसरिया,

नन्दन गढ़ लौरिया अररिया
अनेकों स्तम्भ हैं पड़े गिरे सब
क्या डच ने कोई कब्र न छोड़ी
मैसोलियम भी कोई क्या ना?
नील की खेती, फैक्टरी, कारखाँ
कुछ तो बता! समय के साथी!

कवि जो कहिहैं चम्पारण के
हम सब जनिहैं अब सारण के

## हम जानत नइखीं सारण के! (करिंगा)

छपरा के ही पास कवि इक
ढूँढ़ रहे इतिहास पत्तनम
गंगा जी के दियरे ऊपर
कहीं जहाज, कहीं तो संगम
नदियों का जो जाल बिछा है
कुछ तो ढोया जाता होगा
बतलाया कवि ने इक स्थान
शायद डच का एक मैसोलियम

हाँ, डच तो करते थे नील का काम
बिना विश्राम
खेत से उगे नील को, गोटी में बनवा भेजें कई धाम
क्योंकि कपड़ों को तो चाहिए नील का रंग
न छूटे
इस कारण व्यापार जगत में
खोज-भाल ज्यादा होता है
और नहीं है सब्सटिच्यूट कोई!

## साम्राज्य का स्वेच्छाचार

मुक्त रहे व्यापार
कि बढ़ता जाये स्वेच्छाचार
फ्री ट्रेड कि लोडर फ्री?
प्राइवेट ट्रेड, कि प्वाजन ट्री
पर-मुंड फलाहारी को सभी कुछ क्षम्य
न कहीं अगम्य, मुक्त स्वच्छन्द
हुआ व्यापार, वैश्वीकरण
कि डूबे सभी, पराकाष्ठा पे अत्याचार
सभी बन गये बरदा-फरोश
नशाखोरी में सभी शुमार
लोभ इम्पायर की जड़ प्रथम
और कारण सारे लांचार
उठाये हाथ, सजाए मौत,
करोड़ों जनों - जनी पर मार

इसे कहना कि एकता सूत्र, रेल तारों के हैं सब मित्र
इसी से भारत होता एक; आदि पर करें नवीन विचार
धूलिप्रक्षेपण का व्यवहार—
कि साधो! दिल न रहा गुलज़ार।

## खुद्दीराम से गाँधी जी तक

क्या जज्बा था! क्या आक्रोश!
साथी! कह खुद्दीराम बोस!

पीड़ा माँ की सुन ली, गुन ली
राह, बीन ली और छान ली
जो भी सच्चा वही ठान कर
मातृभूमि पर अपन जान दी

ओडायर मारे खरगोश!

गाँधी जी ने भी जाना था
कैसे थे बेहाल किसान—
काम नहीं था, दाने भी ना
सब कुछ के मोहताज किसान
पूरा भारत का दौरा कर किया गोखले का संज्ञान

चम्पारण की पुण्यभूमि पर, जन जन ने करली पहचान
नव तूफान
नील का पाया, हिलता पाया
साम्राज्यों का; लिखे बयान।

## लोग–बाग

मानसून का सागर से गहरा रिश्ता तो नदी का क्या है!
लिख देते हो बड़ा–बड़ा कोई  छोटी भी कही व्यथा है!

नदियाँ करती नहीं प्रतीक्षा
पानी के हिल मिल झोकों की!
सावन भादों की झड़ियों की!
बिजली की चुभती नोकों की!

कौन कहेगा सागर में ही डूबे तुम तो, नहीं बदा है?
नदियों की कोई कथा उजागर करे— यही क्या लिखा हुआ है

कालिदास ने देश प्रदेश तभी जाना, जब जानना मुश्किल
उपग्रहों के लगे ग्रहण से अब सारी जानकारियाँ हासिल
हस्तामलक सभी गूगल पर, नदियाँ, कटना, बहना, मुड़ना
मीनडरिंग देखो, चित्र लिखित से, किन्तु सभी बन वैठे गाफिल

केवल बड़ी योजनाएँ हैं, बाँध बने, सब बन्धन टूटे
किन्तु यातनाएँ कितनी, कितने तो बनते हैं झूठे
वादे पुनः वास निर्वासित लोगों के, कई अफसर लूटे
अवसर भी, लोगों के दुःख का मानसून से भी रिश्ता है

कब तक अव्यक्तों को वाणी दे देकर तुम चुप हो जाते
रहे! किन्तु कुछ वैसा लिखना, नहीं लगे, अवश्य होता है।

## नदी की बाँक पर

हर नदी एक कहानी बाँधे
घूम रही है, सदियाँ आगे
छोड़ आई है, महुआ घाटिन
घटवारिन, पग; घूँघट काढ़े

डूब गयों की कथा अनन्ता
कवि को तो अब कहते सन्ता!
महुआ की गर कथा कहूँगा
मिल जाएगा कोई बन्ता!!

छायाओं पर आतप का ऋण
झुरमुट, पत्तों, धूप के हरिण
कभी तटों पर छप से गिरता,
सूखे, मिट्‌टी कहें 'तट कटिन'

चप-चप हिलती, सुनने में बस
लहरों का तट से मिलने पर
जोर, दबाव, खेत की माटी
गिर जाये ज्यादा हिलने पर

नहीं जरूरी है गंगा में
ऐसा ही होता आता बस
सभी नदी के बाँक कठिन हैं
कटि से कटता कालिदास कब?

## पटना कॉलेज की गोद में

इस फैराडे के आँगन में
फूलों की पीली पियाली है
जो रात रात भर झरती है
मुझमें ऐसा रस भरती है।

अनमनी, अजानी, अनायास

बेला की दिग्विमूढ़ गन्धें
गंगा तट की पुरवाई को
कुछ ऐसे भटका देती हैं
कसका करता हूँ याद उन्हें

निश्चलता से, निर्वाक्, बधिर

गंगा जी के तट पर बैठा
देखा करता कॉलेज भवन
पहले विश्वास न होता था
डच के अफीम का जब यौवन
का काल, यहीं कोठी होती
ना हीं, यह तो गोल नहीं घर
इसमें कोई झोल नहीं पर

यह इतिहास पुराना इतना,
रहता सालों, पता नहीं था

अफीम का, कोठी का, गंगा
जी का, मैं लापता नहीं था
खोज रहा बेला की गन्ध भटकती क्यूँ थी?
सूरजमुखियों की प्याली चटकती क्यूँ थी?

इतिहासों के विद्वान निकस
इन गैलरियों से गये गुजर
कई मोड़ें नव इतिहासों की
शर्मा[1], झा[2], ठाकुर,[3] सुरेन्द्र[4] वर

प्राचीन तथा अर्वाचीन भी
सूतों की, औ' अफीम की भी
रूसी में, अँग्रेजी में लिख
अल्टेकर की तो शोधग्रन्थि

फैराडे का जो अनुशासन
पटना कॉलेज करता शासन
छात्रावासी, अन्तेवासी ।
गंगा जी को है आज नमन!

## कवि का मजमा

कवि मजमा लगवाने वाला
जाहिर है, कुछ बेच न पाये,
थोड़ा कुछ बेचना जो करे
उसका हुनर जान ना पाये

इम्पायर था? क्या मजमा था
अंग्रेजों को शॉपकीपर जिसने भी
सच कह दिया था
नहीं, बहादुर भी रहे वो
छल से, कपट धूर्तता से
भारतीयों को, सैनिकों की भी
छल से बल से औ कौशल से
लड़वाते फिर माल उड़ाते

क्यों कि लगा मजमा वो अच्छा, तिरहुत कथा

वह जो कहें ग्रियर्सन
तुलसी पर भी कोटें बार-बार
वह अफीम का व्यापारी प्रमुख था
पटना कालेज के प्रांगण में थी
अफीम कोठी!

सूतों का व्यापार पुराना
कथा कहँगा : सूत उवाच।

# गाँधी और मैं

## मोल तो मैंने लीनी चदरिया

पहले सूरत में आते थे
केवल सूती,
अब आते बंगाल देश के मिश्रित
रेशम और सूत के।
आ जाते थे दूर देश से
बाफ्ता, गुर्रा, मलमल
मूँगा, धोती, साड़ी, सूसी
ब्रोकेड, शुरूब, सलामपुरी
सब कीना मैंने
दूर देश भेजता मुनाफा उतना ही था

कलकत्ते से सूरत भेजा
एक मलक्क़ा औ केदाह को

मलय देश को जाने में तो
अफ़ीम भी था

बड़ा मुनाफा
उतना ही जितना बम्बई से लंदन में होता
तो क्यों ना
छोटे ट्रिप में सूब, कमाऊँ
हिन्द महासागर तर जाऊँ!

## कौड़ी संग संग दो पूजा क्षण

हिन्द महासागर तटवर्ती
महाराष्ट्र बंगाल चले
कौड़ी ज्यादा किन्तु नहीं
गुजराती, तट, श्रीलंका में क्यों
क्यूँ कर? यह तो समझ न आये

शंकर जी से पूछूँ
पार्वती ने सोचा :
कैसा लोचा!
लक्ष्मी पूजा में चढ़ते हैं कौड़ी पूरे भारत भर में
किन्तु कहीं पर चलन है ज्यादा
और कहीं कम
पार्वती जी सोच रही हैं

शिव जी कितने भोले ठहरे!
बतलाएँगे?
कौड़ी, अफ्रीकियों को भाते हैं मनके बीड्स
रंग कई कई हैं
कुछ को अपना सोना, चाँदी, हाथीदाँत बेचना हो तो
केवल कपड़ा— भारतीय ही
—बार्टर में प्रयुक्त होता था
हाल–हाल तक।
श्रम पूजा के लिए औरतें
मनकों की कई रंग –बिरंगी मालाएँ भी ले लेती है

काम आती है
विविध प्रकारे!

एक गुलाम खरीदा जाता किन्तु सूत के कपड़े से ही
कौड़ी का तो दाम नहीं है।
कौड़ी का तो काम नहीं है।

कौड़ी की कीमत समझाऊँ
या पहले की कथा सुनाऊँ?

पार्वती हुंकारा भरतीं
समझ न पाये
क्या चाहे हैं—
चाह ही केवल
बहुत पुराना नहीं हुआ है
बाकी सब तो बहुत पुराने।

कोड़ी के व्यापारों में कम्पनियाँ डूबीं
कहते वे तो लाभप्रद हैं
किन्तु जोड़ कर देखे सब आँकड़ा,

गुणित कई यात्राएँ हैं

कौड़ी के हैं स्रोत द्वीप कई
मालद्वीप, मौरिशस सागर मध्ये स्थित
किन्तु किन्हीं भी कम्पनियों के जहाज पर लद जाएँगे वे
या कलकत्ता से फिर लन्दन
फिर से वे अफ्रीका तट पर
पहुँचेंगे— आगे पीछे को
इन सबसे कौड़ी का मूल्य आन्तरिक बढ़ता
बही में नहीं;

शिवजी समझाते पार्वती को
हुंकारी भरना कोई तो इनसे सीखे।

पूजा में भारत में कौड़ी
नामों में कलकत्ते में तो
मिल जाएँगे तीन, पाँच भी
मोल न जाने
हर खरीदने वाला याँ पर।

दोनों सोते जगते सोचें
क्या कब तक बदलेगा देखो!

लक्ष्मी पूजा में कब तक कौड़ियाँ चढ़ेंगी
कब तक जायफलादिक सुपाड़ियाँ, मसाले
कब तक डॉलर आएगा भारत लक्ष्मी पूजा में देखो
बाहर बन्द पड़ा
शिव देखें

पार्वती जी पूछेंगी जब
अन्य कौड़ियाँ मोल भाव में

तब तक चुप चुप
गुप चुप गुप चुप।

## क्या–क्या पहना ? क्या पहनाया ?

कबीर दास का कौन है जाया!
पन्ने नये–नये जुड़ने हैं
इतिहासों में छद्म वेश में
हिन्द महासागर में नावें
नावों पर तनती थी पालें
पालों के नीचे थे कपड़े
चाहे मिश्र या कस्तुन्तुनिया
कांगो हो या हो मेलक्का
बदलें चाहे समीकरण जब
नये बदलते उपनिवेश में ।

कपड़ा, छींट, पाड़ बिन साड़ी
मलय देश या इंडोनेशिया
जावा वाले माँगें कपड़े
बिके उनका गोल मिर्चा अगर।

कई कम्पनियों के पोर्टों के,
इतिहास पलट कर उलटें
इन्ट्रा एशियन ट्रेड कॉमर्स के
डाटा मिलते नये भेष में।

## छींट पर सपना

जो विविध संग्रहालयों में टुकड़े चादर के, पिच्छवाई के
छींटो के, पैजामों के, साड़ियाँ, कनात, रजाई के,

उन सबपे क्या चित्रित होगा, यह कौन करेगा तय भाई,
भऊजी का बतलाया भैया ने बुना, छपाया, रुसवाई

हो गई, एक बार मुग्धा ने कह दिया बरात सजा दो, हाँ
घोड़े, बाजे, डलिया के संग, कुछ भी वहाँ जुटा दो, हाँ

चित्रित कर दो, अँग्रेज पिपहरी बजा, बैंड–बारात चले
या फिर आखेट बना डालो, तीरों को अब डालो, बदले
में बन्दूकें हैं गले पड़ीं, अब समीकरण सब भी बदले
पर रंग भरो कुछ ऐसा, जी! जियरा जिनको देखे, मचले

छीटों की करो छपाई, जी, स्कर्ट भी बने, लाल बार्डर
पर दृश्य भरा बाजार लगे, लहँगा पसरे तो लाल मुहर।

## सब्जपरी

सब्जपरी को किस नागन के फन से डर था? कौन डँसा था?
अरे! घाघरे का घेरा था! उस पर अँग्रेजी फेरा था।
पूरी थी बारात निकलती; घोड़ी, बग्घी, इक्के गिनती
के बाजे थे, बैंड बजा था, कुत्ता भी चलता उमगा था
सूँघ लिया हो वर्षा ऋतु में, रक्त में इक जहर मोहरा था

किसके कहने पर, गहने पर! घूम-चूम कर बाजीगर घर
की सब बातें भूल गया था, नये ब्लॉक से क्या छपता था
जादू टोना, बजार आगरा, ऐसा भी जो सिला घाघरा
देखे अकबर-पूता जाकर, राजपुताने के भी अन्दर

पंचमहल के दस दरवाजे, खुलने पर क्या कोई भागे
ऐसे घेरे में जो घिरते, वही अनारकली पर गिरते!
ललित लवंग लता परिशीलन, कामांगी ही वामांगी थी—
सर्वतन्त्र की बात चली थी, एक स्वतन्त्रा आन मिली थी

सब कापालिक का सपना था, होने को कब वह अपना था
सुलहे कुल था! कलहेगुल था!
रंग बुल-बुल का, ढंग चुल-बुल का या मलमल था!
मखमल की थी बनी रजाई! नहीं कहीं थी कुछ सुनवाई!
एक ही थी अँग्रेजी बाला— कहते हैं, रंगरेज फँसा था।

## बर्तानी पियाले में तूफान

हिन्द महासागर में एक सुनामी आइ सन् इकतालीस में
दिखा दिया था सुभाष ने कि ब्रिटिश लेक यह नहीं रहा
इक पनडुब्बी से जर्मन के, चढ़े नयी पनडुब्बी में
और पहुँचना था उनको जापान, समस्या नई खड़ी

पूरा हिन्देशिया जगा था, आग्नेय कोण नैॠत्य हुआ
आग्नेय प्रान्त के लोगों में आया इक उत्साह नया
बोस लड़ाई जीत ही लेंगे, भारत तब आजाद हुआ था
सबके मन में नई कल्पना, नया एक विश्वास जगा था

नया प्रबोधन, नव सम्बोधन
नारा नया लगा था उस दिन
भारत माता की जय होवे—
किन्तु कहेंगे सारे जय हिन्द!

हिन्दुस्तानी हुआ महासागर उस दिन से नया नाम ले
बर्मा, सिंगापुर, थाइलैंड से, मलयेशिया और हिन्द-चीन से
सभी तरफ से लाखों लोग उठे थे एक ज्वार आया था
हिन्द महासागर का पानी खौल उठा था, चिल्लाया था

'दिल्ली चलो' एक नारा था सेनाएँ सब निकल पड़ी थीं
ऐसे में इतिहास क्या कहे? सबसे शुभ वह सफल घड़ी थी।

## सात मसाले

(Indian Ocean Spice Route)

सात मसाले
सपनों वाले

उन सबकी मैं कहूँ कहानी

हिन्द महासागर की रानी
की रसोई में बहता पानी

और यहीं पर जनमी थी
सुस्वादु

सारी कथा

रे! शाले!
सातों दिन के
सात मसाले।।

मिले वैनिला! आठ मसाले!
 और जोड़ दूँ?
 साठ मसाले!
सब गोलों में, विलासपुर भी
कई मंडी में, दालमंडी भी
और कहानी में गुलाम हैं,

स्याम, लंका के कई नाम हैं।

साठ नहीं तो सत्ताइस तो, नक्षत्रों की तरह घुमाऊँ
और शब्दगुण गगन रोकता रव का नहीं गमन है

गन्ध स्वाद की—
तृप्त हो गये आह्लाद की
कथा मनोरम वहीं जनम ले
श्री विष्णु का जहाँ शयन है

लक्ष्मी ही तो क्षीर! मसाले!
पायस! कस्टर्ड!
पायस में लौंग!
दालचीनी कस्टर्ड में

बास्टर्ड!

किन्तु मसाले श्री विष्णु
श्री मालों के, लक्ष्मी जी के
सदा साथ है रहे
हिन्द महासागर का जल जो बहे
उन्हीं में खुशबू आये तेज
डचों, फ्रेंचों का और अँग्रेज
अरब को तेज भगाये रेस
मसालों का लेकिन नव भेष!

## रँगरेजी / अँगरेजी

डाइ के दो प्रकार कहते हैं
एक विशेषण, एक संज्ञारूप
एडजेक्टिव एक,
एक सबस्टैंटिव
दोनों से बनते हैं प्रारूप।
करो/मरो का नया हुआ रूप
का श्लेष संगठन।
एडजेक्टिव वाला खोजें ब्रिज
'केमिकल ब्रिज' को बोलें मॉर्डेंट

सब्स्टैंटिव खुद से जुड़ जाये
किन्तु प्रकृति से 'विशेषण' आये

केवल एक सब्स्टैंटिव सब्सटैंस
इंडिगोफेरा टिंक्टोरिया कहाये

और इसी से ब्रिटेन रानी
महारानी विक्टोरिया नहाये

एक नील का बक्सा भी बिन
खून के पहुँचे बर्त्तनी तट—
ऐसा सम्भव नहीं बताते
भारत में पादरी कहाते

सब बक्सों पर नील टँगा है
सब बक्सों पर खून रँगा है।

## रंग उड़ गये ढंग फिर गये

मेरी कथा बहुत अद्‌भुत है। कब क्या बिका; नहीं जो बिक है
उन सबका जंजाल समझ ले। नया नया फिर हाल समझ ले।

कभी रँगरेजी के सपने, देख रहे थे सब अँगरेजन
फ्रांस, आरमेनियन, ब्रिटेन में प्रिंटिंग में लाये वे तेजन
फिर तो छींट वहीं छप जाए, तब तो केवल सफेद ही चाहें
भुच्चों को अब रंग नहीं, डोरिया नहीं, बस कोरा माँगें

केवल बुन कर औ ब्लीचिंग के बाद भेज दो सारे कपड़े
उसके बाद वहाँ पर प्रिंटिंग कर लेंगे पूरे सब लफड़े
यह विश्वास नया उपजा था। औ तकनीक का कौन सगा था
एक मुकदमा बलताला हूँ, समझोगे? नव युग लाता हूँ।

कहता है उद्योग क्रान्ति का सूत्रघार बैठा लन्दन में—
कर लो बच्चू अदल बदल अब, ले लूँगा मैं प्रथम चरण में
बस दो चार बचे हैं; जाता ताजा वहाँ क्षणन में
देर नहीं लगने वाली है, भारतीय उद्योग क्षरण में।

## नील

खून का रंग नीला होता है
हाँ, ब्लू ब्लड का यही है मतलब
राजाओं के हाथ खून से सने
हुए होते हैं करतब

राजाओं के छोटे मुलाजिम
उनमें जो बन जाये हाकिम
वह भी निलहों का पक्ष रक्खे
माल मलाई वाला चक्खे।

नील का दर्पण : भारतीय पन।
इति श्री गाँधी! नव चम्पारण!!

    ग्रेट!
    इंडियन!!
    भारत का रण!!!

सैंतालिस तक का आन्दोलन

क्या सब्सैंटटिव?
    या एडजेक्टिव?

मिली इंडिया को आजादी।
    किन्तु मिली क्या भारत को भी?

## अफ्रीका में नील[1]

नील के लाख रंग। कौन सा अंग! देऽऽऽ खोगे!
एक रंग अफ्रीका का भी है, नील किन्तु काला पड़ जाता

पीट पीट कर नयी चमक ले पैदा होता—
औ विश्वास लाये नवयुग का

पश्चिम अफ्रीकी तट का यौवन
बँध जाता था रस्सों में तब
कपड़े नीलों में रंग जाते
पीट पीट कर नव रंग करतब

पेनोस प्रेटोस बिकते थे संग-संग
जाम्बिया सेनेगल के तट भी
बने, बिने रंगे सब कपड़े
अँग्रेजों, डच पुर्तगीजों, जूलास्त्री

काले रैपर कहलाते हैं कैच्यू में भी रँगवाते है
डप रेकर्ड कहेंगे कई कथ पोर्तुगीज— अफ्रीकन के सुत।

1. पुर्तगाली (सेंटियागो के निवासी) छोटे जहाजों में तटीय व्यापार करते हैं। मेयो तथा साल से बिलकुल मुफ्त में नमक लादकर वे सेरा लियो तक जाते हैं तथा वहाँ नमक के बदले हाथीदाँत, सोना तथा कोला को ले लेते हैं। वहाँ से वे जओला तथा पोर्टो-द-आले (सेनेगाल) आते हैं तथा कपड़ों से कोला का बार्टर करते हैं। कभी-कभी हाथीदाँत से वे केपवर्दे के कपड़ों का (वहाँ के बुनकरों द्वारा बनाये पेटीकोट) का विनिमय करते हैं। फिर कचेउ में बाकी बचे कोला तथा अन्य सामग्रियों का विनिमय करते हैं। गुलाम खरीदते हैं। तकरीबन पचास से साठ गुलामों की खरीद फरोख्त हो जाती है। इस चक्कर में तकरीबन नौ-दस हजार रीअल का व्यापार हो जाता है।

## सूत का संस्कार

रंग, धुलावट।
चौर सजावट॥

साहस्री के, सहज स्त्री के, सूत इनामी, सदी की आहट।
सबकी चाहत रंग हो पक्का
प्यार, प्यार में मिलता कपड़ा
धुलने पर गर बार बार भी
चमके ज्यादा, सबसे अच्छा
विकसत अंग अनंग दीठ में।
सूत त्रिगुण सम्पन्न, हो बहुत विपन्न, सभी को रखे बहुत प्रसन्न

फैशन ही रट

गुणात्मकता – रंग
घुलावट, महत्त्वपूर्ण गुण
रेशम के चमचम रंगों के,
आकर्षक बहुविध चित्रों के
नकल में अकल लगे
शकल भी बिगड़े ना, सबरंग

है चोखा, नहीं है धोखा, खुले कहीं भी अगर झरोखा
निकसत आवत नार छींट में।
कोई न घूँघट।

पहने सुलतानों की बेगम,
पहनें मिलवालों की धड़कन
चाहे नारे लगवायें कि करो दूकानें बन्द
जहाँ बिकता हो कॉटन

यहीं छींट की, धोबन पीठ की, बिक जाये चाहे वो चीट भी
वर्गभेद, वर्णाश्रम भेद, नया बनवा लो कहीं छेद कर
घुस जाये, लगता पछींटने
बड़ा ही नट खट!

घुसे सूत अँग्रेजन घर में
पेरिस में, यूरोप नगर में
तकिये, फुँदने, रूमाल, चद्दर
सजावटीपन लगा बिखरने
पार्लर, चैम्बर, डॉलहाउस, छत, स्त्रियों के वैभव की सीमा पर चमके
चिल्लाकर वह लगा बेचने
गिरवी में रखे हैं छींट वो
कोई न खटपट।

## मानसून का मानसरोवर

मानसून का मानसरोवर
से नाता है... अब जाता है
बूस कुआंग की ये छलाँग जो देखी शिव ने
पार्वती से हँस कर बोले...
हंसा तो उड़ता-खाता है
आँखें नम-सी हंसिनियों की

तिब्बत के ये पठार बोले—
सिर्फ हिमालय की स्थिति से
फर्क हुआ है, मानसून का विशद विवेचन
अलका की नगरी सौ योजन
क्या करना है? कैसे करना?
समीकरण सब तय करते हैं जी.सी.एम.के चीनी (एल.एम.)

कैसे घुलते ताप नमी के गोलों से! क्यूँ?
कैसे घटते वाप तुहिन के बोलों से ज्यूँ
लगाता है अभिशाप कुआंग का थेटा आता
बादल को है पाप हिमालय ठेला जाता

किन्तु पार जाना न हो सके!

## सुराज

फिर से हिन्द स्वराज पढ़ो तुम
शायद ज्यादा अब समझो तुम!

नया कहा सा तुम्हें लगेगा
वाणी में ही वह जादू या
सन्तों और वसन्तों की
कथनी करनी को नपा तुला-सा

समझोगे, क्यों न्याय प्रणाली का विस्तार समझ बैठा था
किसको, कब कितना सुख देना मजिस्ट्रेट को नहीं पता था

आज भी लचर वही व्यवस्था, गाँधी का सच समझाती है
दवा-वीड़ो का, शल्य चिकित्सा का घूँघट उघड़ा जाती है

'नौकर की' गर 'कमीज' पहनो सच शायद कुछ साफ दिखेगा
जूते को, कपिला-आँखों से देखोगे तो न माफ ह्वैगा

एक एक अध्याय लिखा है
गाँधी जी का पुन:पाठ है
हस्त कर्म की पुन:प्रतिष्ठा
को ही ये सब साँठ-गाँठ है
काहे का ताना? काहे की भरनी?
फिर से नया समाज गढ़ो तुम।

## जम्बूद्वीपे जम्बूसरे

नई बात सी लगती है पर
कोई नई यह बात नहीं है
अफ्रीका गुजराती जाते
कपड़ों की कोई डोर कहीं है

कॉरिडोर भी कह सकते हैं
जम्बूसर से, कहें लेखक द्वय
पेड्रो और सुरेन्द्र गोपाल[1] जी
दक्षिण –पूर्व, अफ्रीका; पूर्वमध्य।

सोलह, सत्तरह सुरेन्द्र लिखते
अठारह, उन्नीस मचाडो
देते सूत सहस्त्र तालिका
कैसे कपड़ा कहाँ रँगा हो

जम्बूद्वीप से गया अगर है
जम्बूसर से मोजाम्बिक तक
इरविन, श्वार्ज, लोबाटो, आल्पर्स
स्पिनिंग वर्ल्ड के लट्टू सम्भव

रंगों का व्यापार बता दें
गूँजों को लोहार दिखा दें

कैसे पलटा, देश, हथेली

पर से बेल्लाफाड़ मचा दें।

सर पर से पानी ऊपर है
हथेली से लट्टू गिरता
कभी फटा, ना लुटा है लट्टू
फिर नचने को तैयार मिलता

अब लट्टू में नई गूँज दो
फीता नया नया लगता हो
और नचाने को उत्साही
गाँधी जी का स्वप्न दिवा हो

उसको सच कर के दिखलाएँ
दुनिया को नई घूर्णि दिखाएँ
जम्बूसर से अमरितसर तक
गरबा, भंगड़ा, नर्तित गाएँ!

1. सुरेन्द्र गोपाल : क्राफ्ट ऐंड कामर्स इन गुजरात

...शताब्दियाँ पार करते हैं

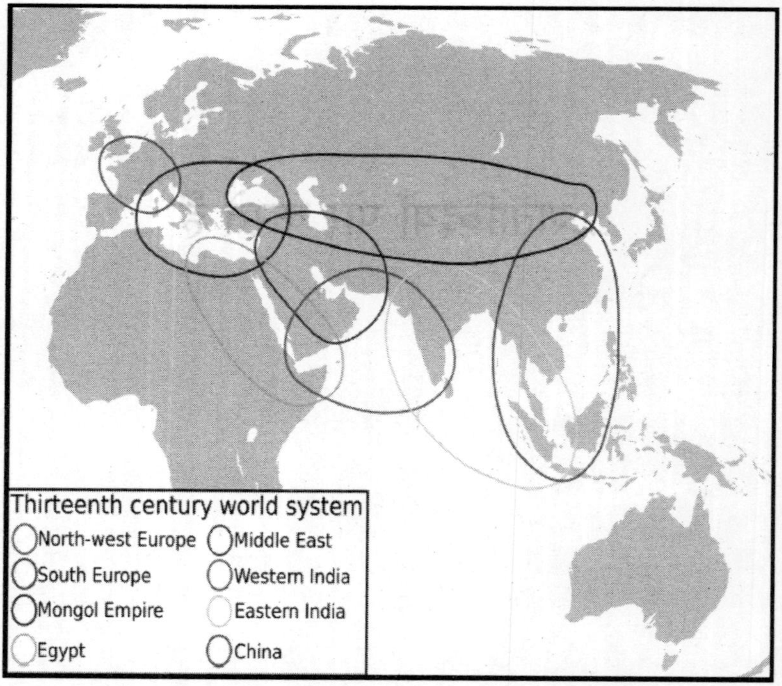
Thirteenth century world system
North-west Europe
Middle East
South Europe
Western India
Mongol Empire
Eastern India
Egypt
China

## ...शताब्दियाँ पार करते हैं

मेरे पास रही, जो सदी है
इतिहासों में बही नदी है!

रक्तस्नात तलवारें बुझ गयीं
म्यान, मूँठ सब बोझिल मलझल
अलंकरण सब नग से उतरे
नौका डूबी, पास में साहिल

एक सदी जो आने वाली सदी को देगी
क्या क्या
वह सब  मुझे मालूम नहीं है।

जुल्म और प्रतिकार, शोध-प्रतिशोध
रोध-गतिरोध जरूरी! चमचम करते यन्त्र
बदलते समीकरण ग्रामीण नागरी—
रेलें, इंजन, पटरी, और जहाज समन्दर नद-नालों तक
दूरभाष के
यन्त्र, मोर्स, छापेखाने, अखबार अचानक
आ जाती जो खबर बदल देती सब धारा—

नदी रही क्या वही नदी है?
एक नयी मुस्कान नया युग पा जाता है
रिले रेस का बालक-वृद्धों का नाता है!

# अठारहवीं सदी की स्याह रात

रामचन्द्र जी शिव से बोले—
जितना अत्याचार हुआ
पानी पर, वह सबसे ज्यादा :
सागर न शर्मसार हुआ
किन्तु;
पूछते, शिव जी भोले!
रामेश्वर के पास कहीं!

स्लेवों को, अटलांटिक में तो हद ही हुई, पराकाष्ठा
किन्तु हिन्द के महासागर में कितनी भ्रष्ट हुई, दुष्टा
लेकर, बेच दिया करती थी गाँवों शहरों में
बच्चों को, भूखी माँओं को, रोटी सबसे बड़ी निष्ठा!

तरह तरह के व्यापारी थे
तरह तरह के अत्याचारी
सपने दिखते थे संसद में
लंदन में हलके भारी

प्रथा गुलामी की न बन्द हो सकी, बदलते रूप गये!
मौरिशस में फ्रेंच लोग। डच से भी ज्यादा ठग निकले
ढाई लाख की गिननी तक बतलाते एलन्न टेबल में

बंगाली प्रेसिडेंसी से तो बात उठी कि बन्द करो
स्लेव ट्रेड पर बन्द कहाँ होना सम्भव था, अन्धा युग

इधर दबाओ, उधर फटेगा बिल्कुल ही वैलून सदृश

मौरिशस में बन्द हुआ तो पेम्बा में लवंग गैंठी
जंजीबार में, रियूनियन से आने लगे अफ्रीकी गुलाम
क्योंकि क्लोव का उगना, पैदावार बढ़ाना आवश्यक

रामचन्द्र जी शिव से बोले—
लौंग इलायची नहीं चढ़े
वैसी ही पूजा स्वीकारो
श्रीलंका में पड़े-पड़े!

## अठारहवीं सदी का मध्य

भारत माँ रोती कहती है, मेरा दक्षिण, मम बंगाल
था खुशहाल! था खुशहाल!

ब्रिटेन से जो आये लम्पट
कर दीना जिनने उलटा पट
उनके घर में दाने भी कम
सच में, मिले मिहनताने कम

केवल ऊन पे चढ़े दिल्लगी,
कम्पनियों के हाल बेहाल

शस्य श्यामलाम्, मलयज शीतलाम्
दूँ अशस्य भी ब्रीहि बहुलताम्
जल ऐसे कि रंग चढ़े यूँ
देख जलें मर्शिलिश, लन्दनम्
छींट के सपने बुनें, बन्दगी में आगे का हाल बेहाल।

## उन्नीसवीं सदी की नयी दुल्हनियाँ

हिन्द महासागर की दुल्हिन!
सुनली है कि दुल्हा भेंटल!
चेन्नैवाली मस्त बहुत है— बहुत लिपस्टिक, ढेरमनी सेनुर
साठेक साल बने में लागल, तब्बे लोग कहेला पागल
बहुत देरी से ब्याह होला टेकुली से मैचिंग हो चुनर।

कोलम्बो वाली भी बोले
दुल्हा जन्नें-तन्नें भटकल
गल्लै से रिश्ता अइसन भइल
ओकरे भतरा खोजें लगनी
मुम्बई वाला आवे लगलन
लाल समन्दर के व्यौपारी
जैने जइहन बंग महोदधि
याकि मलेशिया याकि जकार्ता
    नयका टीका लागल सजनी—

पुरना समय! कि स्नो पाउडर, अइसन सेंट कि लागे गमकल!
सिंगापुर के नवा जवानी, बटाविया की खनक कहानी

डच ने दिया जकार्ता को ब्रा, तान्दुग प्रायक में पोर्ट नव खुला
मलय देश के रबड़ तो आये, अन्तरराष्ट्रीय जाने पर क्रा

सौ दुल्हिन की कहें कहानी, तब जाके पूरा हो सपना
हर दुल्हिन के पास बा मोती, वरना खारे आँसू, जगना!

## हुक्मनामा

हमपे इल्जाम कभी था कि
पिन्हाया हमने मलमली बन्दे कबा
रोम की कन्याओं को
इतना बारीक पैरहन कभी हुआ करता?
इसी इल्जाम पे मलमल का किया व्यापार बन्द
हुक्मनामे ने कहा मलमली मुस्लिम
ही है वो चीज जिसने बिगाड़े हैं सभी चाल-चलन

वैसे दरअसल बात जो भीतर की है
उनके चाँदी के सभी सिक्के जमा होते गये
थोड़े मुजरिस में मिले, ज्यादा अरिकमेड्डु में
रोमनों की भली नीयत का करें इससे अन्दाज
चीजें अलहिन्द की होती थीं वहाँ वाबस्ता
हुक्मनामे से कभी बन्द हुआ करते जहाज!

## बोले कि...

इस किताब की बात अनूठी
एक बात भी नहीं है झूठी—
बहुत प्रामाणिक, अवश्य प्रमाणित
कहते रहते दरिया लूटी—

इम्पायर का क्या मतलब था? एक तरह का हो, तो बतायें
आज के दिन की सारी घटना, चार पॉच सौ सालों के बिन—
कुछ समझाना चाहूँ, कह ना पाऊँ मैं सौ साल के बिन
अतिशय गुम्फित बहुत गम्भीरा

कपिला गौ की इतनी पीड़ा
जो जाने, वह कल्पवृक्ष सम पाये, खाये गाये हर्षित
एक बतूले चाचा कहते
चाची चर्चित कई चुटकुल्ली।

## साढ़े तीन : वीर, प्रतिशत

जब थी गति गज की गरजा नभ!
सन पचास में, बीच साठ में
बीस सदी का मध्य क्षाम सब!
साढ़े तीन प्रतिशत की, चकरी बाँधी, कूदा पशुविशेष नव!
    वैसे ही गुजरा,
दिक्काली इक प्रकाश उतरा
वह जो अनोद्योग का—

डीइंडस्ट्रियलाइज का परचम था फहरा
वह उतरा; नव ध्वज, नव पूँजी
क्रोनी, मार्जारी- शिशुवत्-सी
उड़ा रही स्टील, सिमेंटित
फैक्टरियों में, है कापड़ भी
नव उद्योगों, नव सेवाओं से चर्चित-अर्चित धरा

    सुनहरा
    रंग हुआ गहरा
नीलाभ,
प्रतिष्ठित होंगे सारे विज्ञ देव नव!

# उपानह–उपाख्यान

अन–उपाध्यायी अनध्यायी द्वारा

## पाँय उपानह को नहिं...

इक इतिहास उपानह का भी
कपिला द्वारा

बैरंग चिट्ठी सा लौटा विद्वानों के घर से बेचारा

कपड़ा कथा वाचकों में एक परम्परा सी नयी हुई है
कॉटन का कह लेने पश्चात् जूतों तक भी बात गयी है
फैशन का इतिहास लिखेंगी
कॉटन में विश्वास लिखेंगी
विश्वविद्यालयी क्रम-उपक्रम में
टॉटन सम कुछ खास लिखेंगी
कई हैं संग्रहालयों की रक्षक, क्यूरेटर भी नयी-नयी हैं
वीभरले हैं, रूथ बार्नेस,[3] याँ से वाँ जाती रहती हैं

पर जूतों का लिखना है अब।
कपिला गौ से पूछेंगे तब एक नया परिप्रेक्ष्य आएगा
उसके बिना कहाँ नव पल्लव?

बने मुलायम तेल बिना ही ऐसे चमरौंधे चलते थे
वृन्दावन के पास पहुँच कर वे चूँ-चूँ करने लगते थे
क्यूँ चरमर चूँ-चूँ करते हैं?
किसने जाना? किसका जाया!

राजा को जब काँटा चुभता मन्त्रिमंडल चिन्ता कर उठता

पूरी धरती मढ़ देगी चमड़े से, कहीं न धूल उठेगी
राजकुमारी के नंगे पैरों पर काँटे कुलिश न कोई

शायद कपिला की नानी को
बात बुरी लग गयी, सोच कर
एक तभी कापालिक उठ कर
राजसभा में बोल उठा था
मंत्रीपरिषद के सदस्यगण! सबको उतना चर्म मिलेगा
जितने से ढक जाएँ पैर अच्छे से; क्या पहनेगी वसुधा?

कापालिक की कपिला से क्या बात हुई थी कौन जानता
पर धरती माता का दिल भी मन्त्रिमंडल-सा डोला था
ऐसे जूते कौन बनाता?
फैशन सा जादू जगवाता
इन सब पर अधिकार पूर्व का :
कपिला पर ही केस चला था
कौन बड़ी धरती को पूरे चर्मवस्त्र से ढकने ना दे
ऐसी बातों से कंट्रैक्टर, यूरोपियन था, दहल उठा था
इतना बड़ा काम ना मिलना अँग्रेजों को नहीं गँवारा

कपिला की बेटी कहती है
उसकी माँ सी यूँ कट गयी थी
वहीं पड़ा नंगा जूता था!
नहीं! रसायन में पगता था!
कुछ दुर्गन्ध बची थी उसको,
दूर करन को धूप जला था

एक सुदामा भटक रहा था
सत्यभामिनी! कृष्ण कथा-सा
इति कापिल्य कथा द्वादशा कल्पिता
रक्तस्नाता। आस ह इति वृत्तात्मिकता।

## कपिला

जूतों की माँ
है बहुक्षीरा
कृष्णा गौ को; कपिल-दिलीपौ
कालिदास में है वह पीड़ा

स्मृतिरन्वगच्छत्
कहते हैं कवि ; भक्ति बताते
रघुवंशी की, व्याघ्र आ गया
हरिवंशी अमिताभ गा गया
...यह जीना भी कोई जीना है लल्लू
यह इतिहास चर्मकारों से नहीं लिखाना
कनाडियन बाटा का भरता कौन खजाना
'मातापृथिवी पुत्रोऽहम्' का भाव जगाना
उस वंशी से ही पड़ता है काम पुराना
धुन कोई भी
स्वाद जगाये एक अनूठा—
खटमिट्ठा हो या जलजीरा
हाँ लिखते हों अगर सुदामा या उद्धव भी ब्रज की क्रीड़ा
लिखवा लो, छपवा लो—कहते दास कबीरा!

## कपिला 1084

इक  वरदान पुत्र का; मिलता है माँ को
कोरस टाटा
बिक गया; बाटा
गया कनाड़ा

लगता घाटा
कम्पनियों में बहुत बहादुर
बागों में मिलते हैं माथुर
मथुरा में, पर, कुलिश न काँटा
मित्तल लोहा
गाड़ी घोड़ा
बैंड बराती
बर्साई के गेट में घुसे उनके नाती
जिनके मामा
पहन पजामा
मोम जमाते
इतिहासों में गदर मचाते
नाम कमाते
उलट-पुलट है, शेयर लुढ़कता
क्रान्ति पुत्र को खाती है— ऐसा सुनते थे
माता आद्या!
का? का? खाद्या?

## चर्मण्वती

कुछ नदियों ने नाम धरे हैं
लीला के वपु—

मैंने अमरकोष से पूछा
कंटक में आकीर्ण पथों से
नदियाँ ऐसी यहाँ बही थीं
पहले क्या रंगीन नगों से
आभूषित हर हुई अँगूठी
या कवियों की फैलाई है
जानूँ, कितनी बातें झूठी!

अश्वमुखी, कुद्रेमुख देखा
कभी मानसूनी मौसम में
झरना, गिरि से, लाल गेरु-सा
पानी, रंग रक्त कम-कम से
लगा पहाड़ उल्टियाँ करता
खूनी, छायाचित्र न वन में
वैसे गुजरा घने सतपुड़ा
से तब से ही था यह मन में

ढाक देखता! तीन पात भी
मुहावरों की बात अनूठी
कोशों में कितना अँटता है?
कई भावना! विदा कल्पना! राह मिलेंगे
रागों के रिपु।

कुन्ती ने अश्व में छोड़ा
कर्ण चर्मण्वती बह आया,
जम्बक-सुत सहदेव को मिले
रन्तिदेव के अग्निहोत्र से
चर्म-वर्म से, रक्त स्वेद से
नाम धरा चम्बल डाकू सा
यही पुरानी चर्मण्वती है,
भारत की नदी यशस्विनी है!

कोस कोस पर बदले पानी,
भाषा, तुलसी अमरित वाणी
किन्तु नाम में क्या जादू है
करता मन को बेकाबू है

कहाँ चर्म है? कहाँ वर्म है?
इन कामों से दूर पड़े हैं
नाम रूप से काम रूप तक
मार अनंग खजूर खड़े हैं

खजूरा ही ऋतु

नदियाँ कई अनामा भी थीं
ऋषियों ने जब वाणी दी थी
कोस-कोस ने नाम दिये थे
पर क्या इतने कवि हुए थे
जो इतने नामों की सार्थक
बातें बिना बतायें ज्यादा
केवल कंटक मिला अमर को
पर इनमें कितना है वादा
कम से कम तो एक जरूरी
से मिलता है, अगर न दूरी
पाट सकेगा नाम गाँव को
कूलों की साधना अधूरी

नदियों के क्या सपने होते?
दूर मन्दिरों के शिव पग को
जा कर कभी-कभी धो आते
मास एक तक फैलें, जग को
भरमाये, फिर सिमट कोख में
क्या जाए, उपजाए, भाये
छीमी, सरसों, अलसी, तीसी
भाखर से जगता है जादू

पर सपनों से बाहर आना
नदियों को तो लिखा नहीं है
एक बार पर्वत की बेटी
कहते हैं कवि, दिखा नहीं है
रुक जाती थी, सोच-सोच कर

न ययौ न तस्थौ।

काल की नदी!
नाम न दूँगा
कवियों को
पैगाम न दूँगा—

वह केवल ऋषियों के वश का,
यह हकलाना
शायद ति...ति...तु...

लीला के वपु
रागों के रिपु।

## जूते की माँ

कपिला गौ के दो अभिशाप!

पान पराग औ रजनीगन्धा

कभी निकल पड़ा था मुँह से
फेन की ही तरह! हा! पाप!!

जैसे मेरे सुत तड़पे थे रसायनों में
उन्हीं रसों से, रसायनों से
तेरे सुत भी गलते होंगे
गाल गुलाबी, दाँत मसूड़े
छलते होंगे, मलते होंगे
सूरती, खैनी, तम्बाकू-कत्थे
न मिलेंगे दूर दूर तक
कत्थे की बुकनी के बदले रसायनों का लगे जखीरा
चमड़े को गलवाने वाले तत्त्वों से ही उठती पीड़ा
कैंसर होगा! तड़पोगे!
दुःख होगा; कुछ दवा रहेगी
जानोगे कि मृत्यु निकट है
भोग ना पाओगे बहुक्षीरा
गौ का दुग्ध बने ना अमृत! बस माँ गंगा!!

# नाक पे रूमाल

नदियाँ, सागर गन्धों से पूरित, कई गन्दे
नाक बन्द करवाने पर, रंगीनी रूमाल
निकाल गाड़ी में जाते बन्दे!

क्यों नदियों के जल से गन्धी
नई वास थी, चाल दुरंगी
कुछ कारण व्यावसायिक होते
जो सहने दे नाल फिरंगी
अश्व पथों में धावमान हो
राजकुमार दुनाली ले कर
पैर व्यवस्थित हो रकाब पर
चमरौंधों में बूट का असर

ऐसे बने उपानह तो कोई तो जल दूषित होगा ही
उन नदियों को, कानपुर या चेन्नै-वेलौर पर सूँघा था
बहुत देर तक, बहुत दूर तक चेतनता हो गई लुप्त सी
एक झनझनाहट सरसों की, मानो नासापुट जलता था

या वैसे ही एफ.सी.आइ. का, चेम्बूर बहुत प्रदूषित माना
जाता था जग में, गुजरा था, बस में गन्ध न रहा अजाना

चर्मण्वती तक गया नहीं हूँ
नाम रूप बस धर लेता हूँ
लीला वपु तो इच्छा धारी
रूमाल से गन्ध हर लेता हूँ—

॥ इति श्री रेवाखंडे षष्ठ अध्याय: ॥

## अनाघ्राय के चार अध्याय

कवि हूँ, आघ्राय सब लिखते,
अनाघ्रात भी किन्तु एक अध्याय बच रहा

गन्दा है जो, नहीं लिखेगा उस पर कोई
बस! वो अनाघ्रात बच रहा।

नाक रूमाल, हाथ कुछ खोजे
ऐसी गन्ध जहाँ मच गई है
कारण भी कुछ पता करो तो
कवि हो! यह तो बात नई है!

भूत, प्रेत, डाइन की कथा सुना गये भारतेन्दु तक कई सब
किन्तु श्वपच के। चांडालों का
कोई तो व्यवसाय बच रहा!

जूते अगर पहन रखोगे
गन्ध बार बार लौटेगी
कहाँ बने, किस तरह बने
सोचोगे तो नयी बात बनेगी

'उपानह अनध्याय' सच रहा।
पंचम आम्नाय मठ वहाँ।

## महाश्वेता

कपिला काँपी, कामधेनु कृष्णा बहुक्षीरा
सोचे, नये नये जूतों को, मन की पीड़ा
डालर में कहलाते क्या क्या
काफ लेदर शू, शिशु अजन्मा
शायद गर्भपूर्व सर्जरी से
नहीं रंगा पाएगा कभी जो
उसके चमड़े राजमहिषियों को भाते हैं
दरबारों में ऋषि गाते हैं
मन्त्र, अनूदित हो कर तब ही
सारे स्वर, गायन के अकसर
खो जाते हैं
सदस, सभा में वर्जित जूते
किन्तु उठा लेते कुमार अब
अमात्य, परिषद के मन्त्री गण
मृगचर्मों पर विराजमान सब

क्या पृथ्वी से निर्वासित हो जाये उपानह—
ऐसा इक प्रस्ताव पास संसद कर सकती
स्त्रीधन कहते हैं, संख्या अच्छी ही हो गई
काफ लेदर कम से कम मना करे गौ माता
—ऐसी बातें कर के तो कवि रो पड़ता है
जिन माँओं पर गुजरी; दस चौरासी' की माँ।

## आत्मतत्त्व का घनत्व

छः बहनों के साथ पिता ने की निज हत्या
सबसे छोटी वाली की बच गयी पर निजता
वह कपास का फूल हो गयी
राहुल/राजीवों के भाषण अंश बनी जब
संसद तक पहुँची, गंजा संसद कवि कहता
गूँजा था स्वर; कहता था एक कोई; गूँगा
इस कपास की प्यास बजारू
मोन्सान्टो का बीज खभारू
बी.टी. कर्जे से खरीदते
ऐसे को हनुमान उबारू
पिता प्यार से छोटी को था बहुत मानता
उसका बच जाना कवि को पर समझ न आया

पैंसठ साल लैपियर कहते
अर्द्धरात्रि को कपि नहीं आये
छः बहनों के साथ पिता लक्ष्मण बन जाये
चालीस में जाग्रत ही हनुमान बचाये
बगलें झाँके; भारत माँ की बेटी कपिला
इसको ही बचवा लें, तो बच जाये श्रेष्ठता।
कलावती के बत्तीस सत्य।

## आन उपानह

जूतों पर शुभ लाभ लिखा ले
पता नहीं, चल जाएँ कहाँ तक
अफ्रीका में एल आइ सी का एजेंट पहुँचा
देखा सबके पाँव पुरानी कथा सरीखे
नंगे थे, थे धूलि–धूसरित, खुश हो बैठा
बाटा को दे दिया तार, चार करोड़ बेचूँगा मैं

वैसे ही इ.आइ.सी. के ऊनी लेकर
डाइरेक्टर सब बैठे ही थे खास सभा में
बतलाया था गया; बना दो फैशन, कैसे
भी बिकने को पड़े रह गये
ऊनी, घाटे, कम्पनियों को
शुद्ध लाभ के लिए किये गये नये हथकंडे
करने पड़े, बेच ले गर अफीम भी
यहाँ नहीं तो सभी चले जाएँगे चीन भी
उन सबका इतिहास बड़ा है
कहते हैं, इम्पायर का तो
जो भी बनावट नेटवर्कों की सभी सुझाते
—उसमें प्राइवेट ट्रेडिंग से साम्राज्य बना है

## बाप को फिट, बेटे को हिट

मेरे जूते न हों पुराने
कभी समय के परे न जाएँ

अगर पुराने लगें दीखने
मैं बदलाऊँगा सुखतल्ले
मेरे शहर की गलियाँ देखें
सड़कों के सपने नौतल्ले

क्या करना है चमचम पॉलिश
जहाँ से फटे, सिले, सिल जाये
चिप्पी से न कोई हमदर्दी
मैं तो रखूँ बहुत सँभाले
मुझको सिखलाई विनम्रता
इन जूतों ने बैठे ठाले

झक्कड़-धूल, ठोकरें, पत्थर—
ठेल्ले से बस पैर को बचाए

सुखद रहेंगे दे आश्वासन

प्लास्टिकता देती अनुशासन
गेटे से तो छूट न पाए

यही पुरानों सा जगता मन—
दर्शन कविता तक में ढालें
नेत्र सूर्य चुम्बित बिम्बों में

पाँवों के अनुरूप पुराने
ढल मिल जाते हैं डिम्बों में

अल्लाहताले के शुक्राने
जितने ज्यादा दूर चलेंगे

उतने मिलते नये मुहाने
छप्पर की अलगनियों पर वे
कभी न चरखे से टंग जाएँ

कौन उतारेगा फिर उनको—
ईद और बकरीद न आये
तेल डाल कर चूँ-चूँ चर मर
हामिद को चिमटे दिलवाये

कभी कभी तो बिना नाप भी
बाप का बेटा को फिट आये

कभी समय के परे न जाए।

## द इम्पायर

इस साम्राज्य को कैसे कहते गाँधी डेविल
औ संसद को स्त्रीविशेष कह कर बदलेंगे
पहले बेसवा कहा, बाद में संशोधन को
लिक्खा था, पर सही किया, बदला नहीं उसको

सोलह सौ में आये जो, सब चोर उचक्के
बर्तानी, बाकी यूरोप के छँटें-छँटें सब
कनभिक्शन के बाद, पूर्व, जो सजायाफ्ता
या पाइरेसी के अन्तर्गत जो पकड़े सेलर

इन सबसे, लोभी जन से नाविक, राइटर बन
कम्पनियों ने शुद्ध मुनाफा चाहा पाना
तब तक सब गुनाह के देवों की सम्मति से
संसद बर्तानी करती थी सभी गवारा
    हेस्टिंग्स को, क्लाइव को लम्बी हीयरिंग दे दे
    पूरी जनता को ब्रिटेन की सिखा दिया था
    ये कुछ भी जो कर आये, वह क्षम्य रहेगा
    तुम को भी कुछ करना है तो जा! कर आओ
मिल्स आ गये, मैकाले भी, सभी बनाते
ऐसा इम्पायर, जिसकी जड़ इभिल, डेभिल

## छपास

कपास की प्यास—
                    छपास?
प्रिंट हो या पेंट हो पर
फूल का ही छींट बनना!
कुमुदिनी, बेला चमेली
नहीं तो कम-अज-कम भी
एक लत्तर, बेली जैसी
सरजमीं पर सजा देना
नाजनीं को जहाँ छू लूँ
फूल जैसा खिला देना
कामना है, प्यास भी है
अरे वाह! कपास की है!

## शुभ्रता

रंग मेरा शुभ्र है,
तुम यह चरित में पाल डालो!
ओ निरालो!
नया कवि-कुल-कर्म! गालो

शुभ्रता, शुचिता सिखाती
कपासों की खड़ी पाँती
शुभ्रता से जग बचा लो
लो सँभालो

कृषकमेध न प्रजातन्त्री
लोकसाही को उगा लो
अब नये कुछ बीज डालो
खड़ा हो पाये कहीं पे नहीं इम्पायर
ऐसी ही तरकीब, शिक्षा दो
नई तालीम! तकनीकें उगा लो

सोचने से सभी कुछ सम्भव हुआ करता जहाँ में
सोच बदलो। ओ निरालो
यह नया कवि कर्म गा लो।

## बी.टी. का आत्मतत्त्व

अब  ना सूत, कपास लिखूँगा
विदर्भ की भी प्यास लिखूँगा
दस हजार में शून्य एक और—
एक और शून्य; खाक! लिखूँगा

इतने शून्यों को?
भारत तो शून्य समझने से डरता या
कितने शून्यों को भरने पर नया इंडिया उब-चूब करता
पानी में सब अर्थशस्त्रियों को जब तक ना फेंक  दोगे सब
जब तक वेपानी विदर्भ का सौ किसान हत्या करता है—

कहाँ लिखा है किसी शास्त्र में
राजा भी को शाप लगेगा
बहुत, ब्राह्मणों की ही हत्या
को केवल इन्साफ मिला है
　　जो गरीब हैं कर्ज में डूबे, पाँचों बेटी को ले सोते
　　(सात में एक बची, एक खपी)

सल्फोनिल या कोई दवाई, उनके कोई स्वप्न न होते
बस यथार्थ में डूब चले हैं; कोई कहीं न चुल्लू भर भी
पानी जुटा नये मालों में, डूबन को नवयुबक न होते

　　सोच बदलना मुश्किल है
　　किन्तु नया वॉलगार्ड उमकता

उत्पादन कपास का ज्यादा भारत
में, यह दावा करता
वहीं 'भ्रूणनष्ट बीजाँ' वाली एक कम्पनी बयाँ करती है
सभी जगह बढ़ चढ़ कर छापे, पर किसान बेटी रोती है
बच गई, उसको भी बाजार उठा कर के.बी.सी. में पटके
प्रश्नोत्तरी, दिला दे कई लाख, दीवों को भी लगते झटके

समाधान लाखों में एक को
एक इनाम दिला सकता क्या?
या कि वॉलगार्ड, बीटी कॉटन?
या पानी की नई व्यवस्था?

## लाभ-लोभ

गाँधी जी की वाणी अमरित
मिट्टी हवा औ' पानी अमरित
जो गौ को मांसादिक दे दें
उनकी करुण कहानी; अमरित

देता हूँ, बतलाता सबको,
बी.एस.ई. के सच मतलब को

गायों को, क्षीरा बहुदुग्धा
मांस या कि मांसलता मुग्धा
जाति खिला देती है क्या क्या
चिकेनफीड, फिशफीड या या या

नैसर्गिक चंक्रमण टूटता
फिर तो जीवन-मरण छूटता
कटवाते लाखों संख्या में
कपिल, पीत, श्वेत, चितकबरा

ब्रिटेन का था जाल पुराना
मछली फँसी कि गया जमाना
दिमाग में कई छिद्र हो गये
ग्रे मैटर का नहीं ठिकाना

उस गौमांस के खाने वाले

मरे सांख्य बिन पढ़े मवाले
पागलपन पर जो उतरे थे
संख्या गिनते थे मतवाले
कहते थे मैड काऊ डिजीज है
पश्चिम को अब कहाँ इज है

गोबध तो परिणाम बाद में,
आज तलक समाज अनईज है

लाभ-लोभ की सीमाएँ हों
निसर्ग में जो कुछ मिटता है
उसकी गणित समझ में आये
आगे की किसको चिन्ता है!

तेन त्यक्तेन भुंजीथाः।

## चंडी पाठ : जूता गाँठ

कालिदास को भक्तमाल में शामिल होने का मन करता
रूप बदलते, भाखा का चद्दर डालें, पहनें फिर कुरता
गाँठें कपड़ा,
गाँठें चमड़ा,
बनते नाभा,
फिर रैदासा।
कृष्ण नाम स्मरण, रटन को रहिमन के भी आते पासा
कबीर से पर दूर न होते, मसि कागद को मातु शारदा
छोड़ के जूता
नंगे पैरों
इतिहासों में
कृष्ण–सुदामा
कपिला किन किन कपिल के यहाँ रही–वसी सतयुग द्वापर में
श्वेत कपिल थे, पीत कपिल भी— सांख्यों के गुण त्रय नश्वर थे
सतो रजो तम
बने निरीश्वर
एक अंश से
अंशी सेश्वर
अंगांगी जो भाव मनुजता को समाज से मिलता जाता
धूमिल उनको होने ना दे, मोचीराम सुखतल्ला सुखाता
शिशिर वसन्तौ
कापड़ जूतौ—
वाच, उवाच
न सूत, मात्र गौ

दासों की जो परम्परा सी, उसमें पंथ न कहीं उदासी –
न, माउंट आबू, सरमन जरमन, लखि जो पावै, आवै हाँसी
सूतौवाच—
न जूतौवाच,
अब तो बस, सः ते तौ–वाच!
वह बोले, वे बोलें, वे बोलें, उससे ज्यादा अच्छा
वे दो बोलें –
वाणी में ऊर्जाएँ, ओज हो
तेज, गम्भीरा; नई खोज हो
एक पकाये, दूजा चक्खे, सखाया सयुजा
ताना – भरनी
कोई करनी
पार उतरनी
इच्छा मरणी
पुष्पदन्त के बाद आएँगे, कितने महिमा स्तोत्र गाएँगे?
रचे कि, शायद नया पोज हो
शिशिर वसन्तौ पुनरायातः
कापड़ जूतौ— सब निर्यातः
वाच, उवाच हैं वर्ष शताधिक
न सूत, मात्र गौ का आयात
नये नाम को
सभी काम को—
गीता प्रतिष्ठिता, तमाम को
जूते भी है; सूते भी हैं,
गाँठें चमड़ा, गाँठें कपड़ा
सब बाजार का लफड़ा उघड़ा
गाता जाये घर का उजड़ा
जान जाओ जी, मान जाओ भी
तब ही समझो सारा सुधरा।

दो मुहाबरे अर्थ खोजते
इतिहासों का 'व्यर्थ' खोजते
बदली श्रेणियाँ, जाति उछलती
विद्वत्‌जन स्थैर्य खोजते
नये करण को, समीकरण को
लोग कायस्थैर्य बोधते।

## रंग स्थापक

छन–छन लागे, वही फिटकिरी
एलम तो विद्वान कहत हैं—
मैं तो एक चलन्त मुहावरे में खोजूँ वो अर्थ
न छूटा विज्ञ जनों से, किन्तु समाज समर्थ
कभी था, यह भी भूलें आज; कभी ना व्यर्थ
विवाद हुआ करता है, करता मैं अभ्यर्थ
हर्रे लगे ना, लगे फिटकिरी
रंग आएगा चोखा कैसे?

क्या क्या है ध्वन्यर्थ! बताऊँ अर्थ? न हो व्यंग्यार्थ!
फ्रेंचों का वृत्तान्त सुनाऊँ—
सौ सालों में दो आये थे
—वीउलि, कोई; पत्राचार, रिपोर्ट दे गये
उनको खोजूँ— नव रस बोधूँ
मुहावरों का अर्थ!

कहत हैं एक किरकिरी
यही फिटकिरी सिन्धु घाटी से
काम काज में, रंग साज में
काम आवत है, मिली है टुकड़ी
मोर्डेंट डाइंग की सुहावनी, सिन्धु घाटी में पतित पावनी
चीनी छट्ठी सदी लगातार
करते एलम का व्यापार

वर्णित है बैलास्ट नाव पर
फिटकिरियों का अत्याचार
कभी फेंक दें, जभी जरूरत पड़ी, फिटकिरी
नहीं आदमी! नौका डूबी

तेरहवीं है सदी जब आती
एक नया उत्पाद उगाती
सालों उगने वाली रूई का होना सम्भव हुँवगा
इस उत्पादन ने कई नये समीकरणों का उद्‌भव देखा
रंगना उसको आसाँ ज्यादा, उत्पादन भी नियन्त्रणों में
पर कपास की नयी प्यास से, मुक्ति कामना, भव की रेखा

आएँगे कबीर के वंशज, मुहाबरों के नव उत्पादक
मजीठिया रंग में रँगवाने सैपनवुड औ मैडर वनोपज
केसरिया से रक्ताभों के जितने रंग प्रकृति ने दीने
उतने झंडे बनवाएँगे भक्ति रसों में भीने-झीने
पूरा भारत उमड़ पड़ेगा
नव रस से पूरित हो गंगा
यूरोप मध्ययुग से उबरेगा
विद्यालय विश्वायित होगा
बौद्ध धर्म की विक्रमशिलता
कई झंडों के तले रहेगा
पंथी होंगे, संघी होंगे,
त्रिपुंड धारण ऐसा वैसा
सबको किन्तु चाहिए बाना
शायद अच्छा रंग फिरोजा!

ताना-बाना करनी-भरनी
किन्तु राज करता है पक्का
रंग फिटकिरी से आएगा
हर्रे तो गुणकारी, सच्चा।

# खेत खाये गदहा

*[सन् 1834 में (बिहार के भूकम्प से 100 साल पहले) गोदावरी के जिलाधीश ने बोर्ड ऑफ रेवेन्यू के मेम्बरान को यह बताया कि उसके जिले के धोबी तथा बुनकर कम्पनी की फैक्टरियों के बन्द होने के कारण काम के अभाव में मॉरिशस[1] तथा बोर्बान भाग रहे थे। सन् 1838 में पुन: बताया कि बुनकर बाहर जानेवालों में प्रमुख थे। सन् 1840 में राजमुंदारी के जिलाधीश ने जोर दिया कि वही समूह (बुनकर एवं कपड़ा धोने - रंगने वालों को[2]) बाहर जाने वालों में प्रमुख था। ध्यातव्य है कि गोदावरी, राजामुंदरी एवं विशाखापत्तनम् शताब्दियों से नहीं तो, कम-से-कम दशकों से कपड़ों के उत्पादन में आगे रहे हैं तथा कातनहारे, बीननहारे, कपड़ा धुलने-रंगने वाले यहाँ, विदेशी एवं घरेलू बाजार के लिए उत्पादन करते थे।]*

खेत खाये गदहा
मार खाये जुलहा
लोकोक्ति; नहीं कहीं मिलती शास्त्रों में
संस्कृतज्ञों से भी पूछा
कब से आई, फॉक, लोक में!
झा बतलाते; हैतुक पाते
अहैतुकी यह कौतुक? माते!

माँ जब कभी विपन्न हुई थीं दुर्भिक्षों में बेटे मरते-
खपते, खेती छोड़-छाड़ कर गये, किसान तो नये उभरते

1. धर्मकुमार : लैंड ऐंड कास्ट इन साउथ इंडिया : एग्रिकल्चरल लेबर इन मद्रास प्रेसिडेंसी ड्यूरिंग नाइंटीन सेंच्युरी, कैम्ब्रिज 1965, पृष्ठ 58,
2. वही, पृष्ठ 139

जुलहों ने बीवना न छोड़ा
किन्तु काम कम, किलो दाम कम, मिले दाम कम
खेती में प्रवृत्ति मानते
कृषि को अनुचित वृत्ति मानते

श्री हेतुकर नया समझाते।
यह तब ही की बात हुई होगी जबकि अँग्रेज आये थे
उनने छींटों, बुनने के कामों में कोई लाभ न छोड़ा
बने जुलाहे तभी कृषक थे, मुहाबरे भी नये-नये थे
गदहे को धोबी से अलग-थलग देखा, व्यवहार

जुलहे को ढुलवाना पड़ता ही था किन्तु खेत खाने से
मार पड़े, यह नयी उक्ति कहती कि कठिन दिवस आये थे
ते हि नो दिवसा गताः।

## रंग न जाए

सैपनउड का नाम पतंग कोष बतलाता
शायद उड़ने को है रंगों का इक नाता
पतंग उड़ती—
रंग कम उड़ते?

रंग में तो बात एक अच्छी है और भी
उड़ने से ज्यादा
रँगरेजों को उड़वाते
औ' उनको भी
जो वापरते?

कुरती हो मलमल दी या
पंजाबी कुरते
वैसे ऐसी बातें कहने गाने को
कवि आज मुकरते

क्या जाने कब पता लगे
औ रंग उड़ जाए
ये सब हैं रंगों के जाए!

## गर ढेऊआ हो नहीं जेब में

बिल ऑफ लेडिंग बड़ा मजा है
माल एक जो यात्रा में है, उस पर कागज तीन तरह के
बिना दिये ढेऊआ, कौड़ी या सोना चाँदी और नहीं कुछ

यूँ ही बहलाओ, ले जाओ पहुँच गया तो बल्ले बल्ले

नहीं तो दाम कौन देवत है
अँगरेजन के लन्दन वासी
होने को यह लाभ मिला है
बिना चुकाए पैसा कुछ भी
केवल माल पर सब चल जाता

यह प्रभाव था साम्राज्य का
पोर्तुगीज, डच ना कर पाते
कभी? कि वह साम्राज्य नहीं था
हवा हवा में, गेंद उछालो
दो को तीन बना सकते हो
हवा हवाई! ढेऊआ! बऊआ

वालरस्टीन का मानना है 1750 के बाद पूँजीवाद की धमक सुनाई पड़ी थी भारत में। 1500–1800 के इतिहास थोड़ा पूर्व खिसकाते हैं। पर 1750 के पहले भारत में अँग्रेजी पूँजी बिल्कुल हर्षद् मेहता की तरह व्यापार/व्यवहार करती थी। सतीश चन्द्र द्वारा सम्पादित पुस्तक 'द इंडियन औशन—एक्सप्लोरेशन्स इन हिस्टरी, कामर्स एन्ड पॉलिटिक्स' में वालस्टाइन का आलेख, पृ.248ए हाइपोथेकिसेन्स पर चर्चा।

## खत–रपट–अनुनाद

मैंने खत भी बहुत समेटे
औ' रिपोर्ट भी खूब लपेटे

इन सबसे इतिहास रचा है
एक नया विश्वास रचा है।

देख रहा हूँ लेटे, लेटे
इतिहासों के गजब चपेटे

रोक्स, विउलि, क्राउन उलटते
खत–रिपोर्ट से कई सुलझते
सूत्र निकलते, नयी राह को
औद्योगिक क्रान्ति के लरजते

अग्नि, विपथगा, कारक मिल गये
कपड़ों के तो बाजार हिल गये
नये रूप के, नव डिजाइन के
नये रंग के बागाँ खिल गये

कई खत माफीनामे के भी
कई खत मिलते संस्कृत के
राजा में, उत्पीड़न बतला दें
पंडित के, अरजी फितरत के

एक भजन लिखने का मन है
जिसमें कोई अच्छी धुन है
पुष्पदन्त, जयदेव, विद्यापत
इन सबसा कुछ लिखूँ, सबद है

उत्साह, भाव, देवकुल— सब कुछ
पर कबीर की चादर छोटी
गाँधी जी ने सिखलाया तो
धोती, फटी सी छोटी लँगोटी

कम से काम चलाना सीखो
तभी मन्त्र सा कह सकते कुछ
सारा कुछ कर रहा जमा हूँ
देखूँ कब होता हूँ उन्मुख

किसको प्रभु? किसके प्रभु देखूँ
सूरदास के बरज विलोकूँ

ताना भरनी तकली करघा
छूट जाएँगे स्वप्नों सम ही

इन्हें छोड़ने का दुःख शायद
होगा सबको कभी न कम ही!

## घट घट सुन्दर

घट छूँछा है, भर जाये
तो हो ना रीता
हे प्रभु, सहन शक्ति दो
चाहे हो विपरीता
परिस्थिति सारी की सारी
नाहीं पिरीता (प्रीता)
दिन बहुरेंगे, देखूँ शुभ
उनमें जो बीता।

सूता! सूता!! रे अबधूता!!!

देखूँ जो विस्तार! समेटूँ, समझा पाऊँ
और सदी में नई, इसे नव शक्ति दिलाऊँ
अतिशय प्राचीन परम्परा में जागृतियाँ हों
पूर्ण देश में जगे कलाएँ तो सुख पाऊँ।।

## भारतीय सूत

उपहारों में, व्यवहारों में
अफ्रीका में, इंडोनेशिया
तनख्वाहों में, किमख्वाबों में
वी.ओ.सी. में ईस्ट इडिया
क्या चलता है, क्या बिकता है
भारतीय सूत! भारतीय सूत!

सोलह अड़तालीस की बात
चीनी डेलीगेशन मिलता राज—
पाल, गवर्नर क्या हैं ठाठ
देना चाह रहे सौगात
डाक रजिस्टर दर्ज हुआ है
भारतीय सूत! भारतीय सूत!

ये विलास के परम, प्रमाण
तनख्वाहों में, मोलूक्कस में
दो से तीन हजार जवान, दान पाये मास वेतनमान
आधा द्रव्य, बचे करतूत, बन्दूकों में है कारतूस
दान उपहारों में भरपूर, निकले कोई न कंजूस
क्या व्यवहृत होता रहता है
भारतीय सूत! भारतीय सूत!
अफ्रीकन, गुजराती शोर
रंगों से हो गये विभोर

मकसार, मद्रास और मनीला
बँधते सब त्रिभुजात्मक छोर
चाहो ई पार या ऊ पार चक-चक चलता यह व्यापार
डूब गये हों अगर जहाज तीन; बार एक लिखा प्रमाण

तो अपने से बनवाते सब
क्षमता सूत की थी, सप्रमाण
सोलह सौ सत्रह की बात
पूरे दक्षिण पूर्व एशिया
जहाँ तक राज फैला बटाविया
भारतीय सूत! भारतीय सूत!

अपने से, घरेलू उत्पाद
सक्षम बुनने में हैं तूत
रंग, बुनावट, फील, अद्भुत
भाते सबको हैं भरपूर
चाहे जाए जितनी दूर
मिलता हर टापू ऊपर
भारतीय सूत! भारतीय सूत!

कपड़ों से इज्जत भरपूर
शादी, लड्डू, मोतीचूर
भोज भात, लगती बारात
या मरनी पर मिला ते शूर
सबको लेकिन इक सौगात
भारतीय सूत! भारतीय सूत!

गणिका हो, देवी स्थान, राजा हों, कोई विद्वान
अन्य कोई धार्मिक हो विधान
नगद, रजत या स्वर्ण समान बटाविया पूरा विस्तार
भारतीय सूत! भारतीय सूत!

## अर्थ–अनर्थ की घूर्णि : टेकुरी

लट्टू का चलना गर देखें
बहुत ध्यान से
भारत का इतिहास समझ में आ जाएगा।
इत्मिनान से
अपनी धुरी पर चले सदा ही
धुरी भी आगे पीछे खिसके

धुरी का अपना घूर्णन भी है
औ' कीलों का बढ़ते जाना
एकचक्रीय गति सी भी है
कीलें बढ़तीं चुभते चुभते
इस प्रकार अनौद्योग की कथा
चुभती रहती सहते सहते

किसी काल–खंड में चल गई
पीछे, कभी धुरी बदले है
कभी हाथ पे लट्टू को लो
तो कीलों के क्या कहने हैं?

जमीन पर चलती लट्टू को
अँग्रेजों ने हाथ पर नचाया
गुदगुदी उनको तो होती—
लट्टू की गति भई सवाया!

रुक गई!
बेलाफाड़ था! चीन के लट्टू
भी ढिमलाये,

आगे पीछे फटे मगर ना
गुद्दी में मचती गुदगुद्दी

लट्टू छोड़े, खेल छोड़ कर
बेल्लाफा वाले वाँ धाये

स्वाभाविक गति कोई ना माने
गर हथेलियों पर नचवाये!

## टेकुरी ! गतिमान भव !

क्या गति फिर से लट्टू की
हो सकती सामान्य, धरा सी
पर सारी गति दुहरा सकना
उसी तरह से, हथेली उतरी
लट्टू से क्या होगा सम्भव ?

बड़ा प्रश्न है
अप्प दीप है !

भारत का क्या सूत न फिर से
कौशल-हस्त पुनः चमकेगा ?
जूती, धाती माता, रोये
श्वेत कपास का फूल उगेगा

नव प्रकाश ले
नव विकास ले

बालक एक गाता निकलेगा

कलावती का रोना रुकता
कवि को छोड़ कौन पहचाने
काल-चक्र का, सौ पहिये का
घूर्णन, तुम और कवि ही जाने !

## चित्त जेथा भयशून्य...

कवि की वाणी कोशिश करता कभी समझने औ' समझाने
देश की प्रकृति समझ न पाया, ऋषियों की वैखरी बताने

घट-घट व्यापे नादशून्य....

कैसे देश जी रहा होता, अत्याचारों व्यापारों बिच
राज बदल कर आये जाये, चद्दर ज्यों पलँग हो तिरबिच
सो जायें कबीर बिन चादर
बिके वेभाव, दिखे सब भावशून्य

इतिहासों में जो प्रवृत्ति है, अब उससे न कोई निवृत्ति है
दो सौ साल समझ सकने को, ताकत, साँस जुटे तो शक्ति है

पद, प्रत्यय, मद, अत्यय देखा अँग्रेजी अत्तते भी
तत्त्व किन्तु पकड़ूँ तो समझूँ
अगर नहीं तो सभी अर्थ शून्य!

कवि का गाया, दो पद कहता
चर्यापद तो समझ न पाया
चित्त हरेक भारतवासी का
भय से देखा शून्य, बताया
शायद भारत माँ की सेवा, सेवक, सेवी, सेवित चाहे
इच्छा रखे कोई न अपना
सभी शून्य, हाँ शून्य! शून्य!

# मुद्दे

शुरुआत की थी एक यात्रा की। वह यात्रा समन्दर के रास्ते हिन्द महासागर के कोने-कोने को देखने तथा छान बीन करने में खप गई। उसी यात्रा का फल है लेखक की किताब 'हिन्द महासागर का सांस्कृतिक इतिहास: दक्षिण पूर्व एशिया, हिन्दुस्तान और हिन्द महासागर' (राजकमल प्रकाशन, 2012)। लेकिन यात्रा में व्यापार के विस्तार का भी पता चला। और भारत की खासियत का भी। सूत कपड़ा एक श्रेष्ठ व्यापारिक वस्तु है तथा सिन्धु नदी काल से यह व्यापार चलता आया है।

पुस्तक साक्ष्यों के साथ प्रमाण पेश करती है। युगों की आवाजाही व्यापार नहीं बदलने देती है। यहाँ तक कि इतिहासों के लिखे जाने में सूतों में व्यवहार/व्यापार का हस्तक्षेप है। अनौद्योगीकरण (Deindustrialisation) की सीमाएँ, होना/न होना नये इतिहासों का सृजन कर रहा है। आर्थिक इतिहास की नयी किताबें, नई बहसें शुरू हुई हैं। शुरू क्या हुईं, खतम कभी हुई ही नहीं थी। दादाभाई नौरोजी तथा आर सी दत्त ने काफी पहले जो बहस उठायी थी, उसको अब नये समीकरणों में ढाला जा रहा है। डाटा की संक्षिप्तता, क्षेत्रीय विषमताओं का फैलाव, एक पूरे युग के इतिहास को बदलने का कारण नहीं हो सकता।

कपड़ों के व्यवहार के विस्तार को अब फिर से जाना जाने लगा है। इंडोनेशिया/दक्षिणपूर्वेशिया के मन्दिरों में मूर्तियाँ विष्णु, शिव, बुद्ध की तो हैं ही, गर्भगृह के पीछे के बदलते सन्दर्भ/परिप्रेक्ष्य, पत्थरों की सजी पृष्ठभूमि भी बदली हुई है। तथा यहाँ के सूती कपड़े, साड़ियाँ/ सारंगों के फूल उकेरे हुए है। यह कहानी लम्बी चली है। बाद के मुगल काल की दरियाँ, चादरें, छींटें तथा प्रिंटेड कपड़े एक सातत्य की कहानी कहते लगते हैं।

कपड़ों के साथ सूत की कहानी और कई स्तरों पर चलती है। बी टी कॉटन के युग में आत्महत्याएँ, आज भी हो रही हैं। खेतों में काम न कर पाने की कसक ज्यादा होती है, नया बीज ज्यादा पानी माँगता है, खाद भी, ऋण भी। यह क्या वैसा ही नहीं है जैसा कि अट्ठारहवीं तथा उन्नीसवीं सदी के शुरुआती दौर में कताई-बुनाई में

लगे लोगों का धन्धा छोड़ देना? इसमें कौन-सी साम्राज्य, इम्पायर की करतूत थी? कल थी, तो आज इसका स्वरूप क्या है?समझना जरूरी है कि गाँधी के देश के दस्तकार तथा किसान आज क्यों अभिशप्त हैं। इस पर नये सिरे से विचार करना आवश्यक है। कविता में इशारे दूर तक जाते हैं।

सागर के व्यापार में बन्दरगाहों का महत्त्व है। बन्दरगाहों का बनना, बिगड़ना, एवं लुप्तप्राय हो जाना सब कारक हैं। व्यापार कब बढ़ा, कैसे बढ़ा, फिर क्यों घटा, लाभ किसकी तरफ गया, इत्यादि पर चर्चा है।

कपड़े का इतिहास— सूत का कहूँगा— गहन हो चलता है। क्या भारत का अनौद्योगीकरण हुआ था? क्या इम्पायर गलत था? इविल था? क्या अंग्रेज राज अच्छा था? रेल और तार और पश्चिमी शिक्षा के बिना 'भारत' एक (नहीं था) हो पाता— इत्यादि प्रश्न नये आर्थिक दृष्टिकोण से लिए गये इतिहास के सामने मुँह बाये खड़े हैं।

केवल अनौद्योगीकरण या उसके प्रारूपों की विभिन्नता ही आलोच्य है? नहीं, और भी बातें है जो भारत का परचम फहराती हैं। क्या है वह? सूत के कपड़ों पर जो छापे डाल कर छींट बनाती है। या जो डिजाईनें बुनी गयीं— वह सब पूरी दुनिया में पसन्द किये जाते रहे हैं। तकरीबन हजार साल से। पिछले तीन सौ साल पहले यह प्रक्रिया एक आक्रामक रुख अख्तियार करती है। कैसे? और कब? इसकी पूरी कहानी व्योरेवार कहती हैं। ये कविताएँ। कॉटन की टेक्नोलॉजी को औद्योगिक क्रान्ति के प्रमुख कारकों में अब गिना जाने लगा हैं। कैसे? पढ़िए और जानिए। साक्ष्य भी भरपूर हैं।

आगे के खंडों में कुछ बातें विस्तार से बताना चाहूँगा। एक अनौद्योगीकरण को पूरे परिप्रेक्ष्य में रखूँगा। दूसरी बात इस तकनीक की, डिजाइन की व्यापारी कौशल्य की, कम कीमत वालानशीं की, पूरे यूरोप अफ्रीका, एशिया के बाजारों को काबू में रखने की कवायद— इन सबपर थोड़ा थोड़ा इशारा करूँगा ताकि इन कविताओं की गन्ध आप तक पहुँच सके। कुछ थोड़े उद्धरण भी दूँगा।

1. अनोद्योगीकरण पर उठी बहसों का आधार तथा सत्यापना। एमआइटी, एनवीईआर, इएचइएस तथा एलएसइ (जी.इ.एच.एन.) के शोधपत्रों की बानगी भी देता हूँ। ताकि गाँधी जी की हिन्द स्वराज की चरखे की बात पूरी तरह समझ में आ सके।
2. कॉटन की तकनीक। सूती कपड़ों की प्रिंटिग/ पेंटिग की बारीकियाँ।

3. भक्ति काल के उदयास्त की ऐतिहासिक पृष्ठभूमि। प्रबोधन के युग की पहचान।
4. विभिन्न क्षेत्रों की अपनी पहचान। हिन्द महासागर के विभिन्न बन्दरगाहों तथा उनसे होनेवाले व्यापार की गतिविधियाँ।
5. नये बीजों, बीटी कॉटन, कपास की प्यास, जनतन्त्र से आस क्या थी; आत्महत्याएँ फिर-फिर से गाँधी को नहीं रुलातीं?
6. इम्पायर के गुणगान की विस्तारीकृत होती परम्परा में सेंघ जरूरी है। न इम्पायर की रेल, न साम्राज्य का बेतार, कुछ भी भारत के हित में न कभी था, न नयी रोशनी में हो सकता है। सबके एजेंडे थे 'मिलिटरी-फिस्कल' पकड़ के कारण साम्राज्य बनता गया तथा 'बेसवा' संसद की मुहर लगती गयी।
7. भारत के चित्त को बिना समझे, भारत के वित्त को, वित्त के इतिहास और सम्पूर्ण इतिवृत्त को नहीं समझा जा सकता है। भारतीय सूत, कपास, मसालों में व्यापारियों को अतिशय लाभ दिया है, सुपरप्राफिट शायद सोना चाँदी जवाहरात में भी उतना नहीं था जितना मामूली से दिखने वाले सूती रेशमी कपड़ों में था। हजारों साल का व्यापार यूँ ही नहीं फैला था।

फिर से उत्थान, पुनरुत्थान के लिए किसानों की जरूरतों को समझना जरूरी है। तकनीक के, बीच के आक्रमण से नई प्रतिरक्षात्मक प्रक्रिया की जरूरत है। प्रेमचन्द के किसान उसी कर्ज में आज तक डूबे हैं। कपास पर अब तो खूनी रंग न होना चाहिए। कपास 'नील के बक्से' न बने।

अनौद्योगीकरण के दौर के बाद जब उद्योग आते हैं तो अपनी गति से। साढ़े तीन प्रतिशत की गामिनी गजा, बाद में साढ़े आठ-नौ प्रतिशत का स्वप्न देखती है, सत्यापित भी करती है। उद्योग तथा सेवाओं की तरक्की जी. डी. पी. में विकास दर देती है, पर गाँधी का सपना पूरा होना है। हर हाथ को काम, हर चेहरे पर मुस्कान किसी भी समस्या को सोचने के पूर्व उनकी तावीज/ तिलस्म का चेहरा याद रखना जरूरी सा है। कपड़ा कैसा भी बुना जाएगा, धूप-घाम-ठंड से बचाएगा ही! दो जून की रोटी भी देता जाएगा— आज भी सच है!

भारत अगर सूत का केन्द्र था तो यूरोप ऊन का। उतरी यूरोप। सूत और ऊन के पुराने व्यापारों को जानने के लिए 12वीं-13वीं सदी के यूरोप के मेलों को समझना पड़ेगा। तो मेला घूमणी चाची के साथ हो लेते हैं। चार मेलों का केन्द्र है।

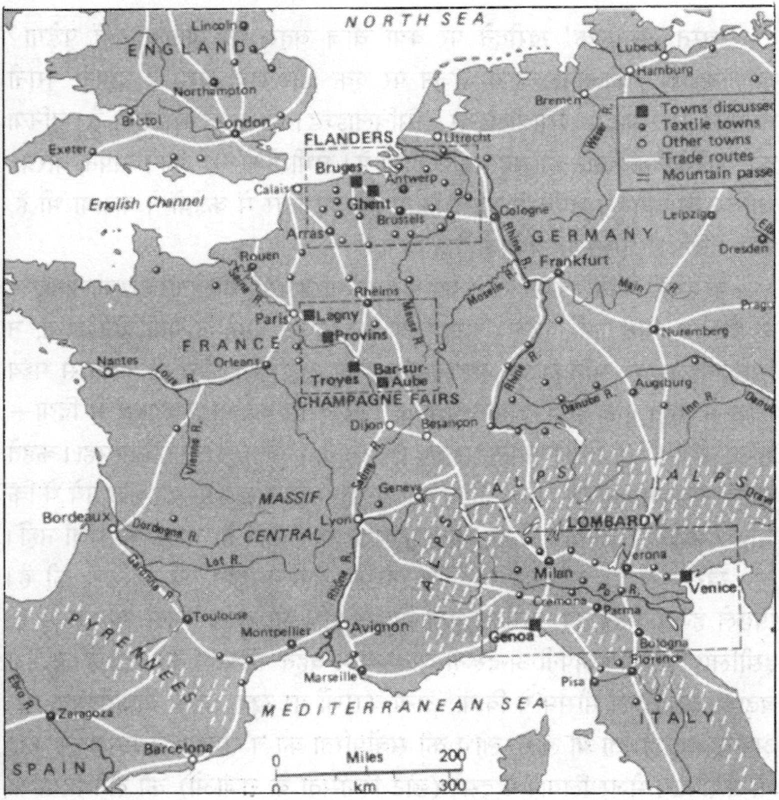


मैप–1 चार मेलों के क्षेत्र। शैम्पेन, फ्लैंडर्स, ब्रूग्स, घेंट एवं वेनिस तथा जेनेवा।

उपानह उपाख्यान के पूर्व बतलाना चाहूँगा कि प्रसिद्ध लेखक नियाल फर्ग्युसन की वी. बी. सी. पर प्रचारित पुस्तक इम्पायर–4 पढ़ने से पता चला कि कोलोनाइजर तथा कोलोनाइज्ड ; उपनिवेश बनाने वाले तथा बननेवाले— दोनों के नजरिये अलग होंगे। हमेशा ही। बर्टेंड रसेल की शांति की हिमायत सभी जानते हैं पर उपनिवेशों के खिलाफ उनकी कोई सशक्त बात कभी सुनाई नहीं पड़ी। फिर फर्ग्युसन तो छेड़पोते हैं उनके, जिन्होने साम्राज्य का सुख भोगा, तो गुणगान क्यों ना हो! अब भी जो विदेशों में जा बसते हैं, स्वतंत्र घोटक होते ही नाल का स्वाद भी भूलते हैं। हर लोहे की चीज की तरह, लोहा उन्हें सामान्य व्यापारिक वस्तु लगने लगता है। पर जुते घोड़े को रस्सी, चमड़े, लोहे सब के स्वाद अलग लगते हैं। उपारव्यान में ऐसी कई जरूरी मुद्दे उठे हैं। इतिहास भी वस्तुपरक होना ही चाहिए।

'वस्तु अमोलक' खरीदने पर क्या चीज-बतूस को बताना नहीं पड़ेगा? कोलोनाइजर /कोलोनाइज्ड के वजन पर एक और शब्द युग्म है अपनी पुरानी गर्वोक्ति से संबद्ध— सिविलाइजर /सिविलाइज्ड। हाँ, हमने सिखाया है। दुनिया को, अनेकानेक देशों को बहुत कुछ दिया है। सभी देशों ने, अपने अपने चरित्र/ चारित्र्य के अनुरूप भारत से ग्रहण किया है, कालान्तर में कईयों ने पचाया भी है, और संश्लिष्ट मिश्रण/ यौगिक पैदा किंये हैं।

पर हमारा सिविलाइजर/सिविलाइज्ड वाला चरित्र कभी कोलोनाइजर/कोलोनाइज्ड के द्वैत पर भारी नहीं पड़ता। संस्कृतियों का संकट हमनें न पैदा होने दिया, न सिविलाइजर की भूमिका की अहम्मन्यता हमने ओढ़ी है। अन्यों ने भारत से मध्य काल में बहुत कुछ पाया, उन्होंने पचाया, फिर यूरोप को भी कालान्तर में दिया— शून्य, बीजगणित, त्रिकोणमिति पर वह देना/न देना, लेना/न लेना जैसा रहा। कहते रहे वे संख्याओं को हिन्दसा— हिन्द का, पर शायद हम खुद ही यह भूल गये थे कि चीज हमारी थी, उपयोग में आ जाने पर बंडी ही दीखती है, भीतर की गंजी नहीं।

खैर, यहाँ तो काल के व्यतिरेक को समझने/समझाने की कोशिश की है। पिछले हजार साल को, कम से कम पिछले पाँच सौ साल ज्यादा फोकस में है, इसीलिए कि उसने अपनी अन्दरूनी व्यवस्था में बहुत परिवर्तन कर दिये हैं। दुर्भिक्ष बढ़ाये, दोषारोपण मौसम पे किया, अन्य कारणों पर खुद अपनी अकर्मण्यता पर, अपनी अदूरदर्शिता या लाभ-लोभ की सर्वोपरिता को न समझा, न समझकर कोई भी करेक्टिव मेजर लिया। न दूसरे (छोटे रियासतों के राजाओं) को लेने दिया या उन्हें इस लायक छोड़ा। एकाध जगह नीचे दक्षिण या ऊपर के पहाड़ी राज्यों को छोड़ा, यह न भूलने योग्य वस्तु है और न इसको भूलने की आवश्यकता ही है।

क्यों दुर्भिक्ष/अनाचार का इतिहास कम करना चाहते हैं हम? क्यों एक टट्टी, धुएँ की टट्टी लगाना चाहते हैं? अँग्रेजों की मक्कारी में सदाशयता ढूँढ़ रहे हैं?

क्या इसीलिए कि हम तरक्की कर गये हैं, हमारी जीडीपी बढ़ गई है या नया राज पाने पर क्षमादान देने का अधिकार मिल गया है हमें?

नहीं, इतिहास को, आर्थिक इतिहास को भी केवल इतिहासज्ञों, कलामर्मियों पर नहीं छोड़ा जा सकता। पृष्ठभूमि में जो मानस बन चुका है, मॉडेल उनके जेहन में घर कर चुके हैं, उन्हें न तो पनपने देना चाहिए, समूल नष्ट तो नहीं करना चाहिए पर विकल्प के ही रूप में समझदारी से रहने देना चाहिए। शायद और लोगों को उठ कर आना पड़ेगा। बताना पड़ेगा कि धोने -पोंछने से कालखण्ड का न तो वैभव विलुप्त हो सकता हैं, न उसकी विपन्नता। और उतार चढ़ाव नियत है— न तो

स्वीकारने में शरम आनी चाहिए, न अनावश्यक रूप से आत्मग्लानि का बोध।

इसीलिए यह सब बताने-कहने की जरूरत है कि क्या कुछ छुपे तीर चल रहे हैं, क्या चीजें आँखों के सामने से ओझल की जा रही है। मजमे वाले की तरह। पर मजमे वाला का चरित्र होता है— उत्पाद बेचना। क्या नया इतिहास बना कर, बेच रहे हैं? मंशा, जरूरी नहीं उन्हें भी स्पष्ट हो, पर उन्हें भी बताने की जरूरत आई है, आ गयी है। मॉडेल्स की, पैराडाइम की कमियाँ बदलाव की परिस्थितियाँ सभी शास्त्रों में आती हैं। विज्ञान का उदाहरण दे सकता हूँ। न्यूटन तथा आइन्स्टाइन के पैराडाइम में, मध्यकालीन यूरोप के खगोलीय तथा कोपरनिक्स/गैलीलियो के पैराडाइम में फरक था।

वैसे ही मॉडेल्स की खूबसूरती/नक्कासी, हाथ की सफाई पर न जाइये! नये की जरूरत है। अपूर्ण/अधूरे अधकचरे प्रारूप विशियेट करते हैं माहौल, चीजें छुपाने, बदल कर दिखाने से नहीं छुप सकतीं। दूर्बा जैसी पुनः पुनः प्रगट होती रहती हैं। यहाँ वहाँ, जहाँ-तहाँ।

कविता क्यों? कविता में क्यों? इसिलिए कि गा गा कर सुनायेंगे। उनको भी बताएँगे जो इसको जानने के जरूरी हकदार हैं। हाँ, नाटक में भी लाएँगे। उपन्यास/गद्य की सीमाएँ हैं, मजबूरियाँ हैं। हालाँकि व्यापक फलक देने में उसका सानी नहीं।

गद्य में तो लिखा ही है सब। जर्नल्स में, समीकरणों के साथ। पर क्या उसे सरल कर सबको देना, अगर जरूरी समझा, तो यह भी क्यों नहीं करूँ? स्वतन्त्र गद्य की पुस्तक की उपादेयता से कौन इंकार कर सकता है। तैयार भी हो रही है पर विवाद-वाद के लिए, शायद अँग्रेजी में पहले तैयार हो जाये, हिन्दी में आते-आते देर लगे। तब तक यह गन्ध भरा गुच्छा— फूलों का।

गेंदा फूल। नैहर और ससुराल। दोनों ही गेंदा हैं।

बेला का गन्ध दिग्विमूढ़ हो गई हैं अफीम की रहबरी में। ग्रियर्सन अफ़ीम के भी बादशाह थे। 'लिग्विस्टिक सर्वे ऑफ इंडिया' फेम के ग्रियर्सन। पिछले दो सौ सालों के अँग्रेजों के इतिहास ने आक्रान्त कर लिया है। लगता ही नहीं, उसके पहले के तीन सौ और पीछे के साल भी उथलपुथल वाले थे, सम्भावनाओं वाले थे, कुछ नाज कर सकने वाली चीजों के साथ संपृक्त थे, अच्छे भी थे, बुरे भी थे। पर सब बताना तो जरूरी है। अपनी गुणवत्ता, अपनी क्वालिटी समझना जरूरी है। आज क्यों हैंडलूम बरकरार रह रहा है— कोई तो मजबूती होगी। मजबूरी और मजबूती समझाना कलम के इस मजदूर का काम है। मजदूरी को केवल प्रेम से ही तोल सकते हो! साई! खुद से प्रेम करो, ज्ञान से करो। आत्मज्ञान से भी करो।

कुछ बातें जो बताने से रह जाती हैं, गद्य में; पद्य में सुस्पष्ट हो सकती हैं क्या? मेरा मानना है कि शब्दों की शक्ति कविता में जितनी ज्यादा प्रगट होती है, उससे ज्यादा कहीं नहीं। इसीलिए जहाँ गद्य में, नाटक में कहना जरूरी है, कविता को पीछे छोड़ देने का कोई कारण नहीं। कविता छोड़ना शायद आत्मघात ही हो। और उसकी इजाजत मुक्ति की कामना करने वालों को नहीं है।

गाइए। गुनगुनाइए, रस पाइए।

अफ्रीका क्यों?

वह भी पश्चिमी अफ्रीका के सूत की कहानी?

क्या इसीलिए कि वह भी बहुत पुरानी है।

नहीं, कई कारण हैं, और भी जोड़े जा सकते हैं।

दो नक़्शे देने से कहानी साफ की जा सकती है और पद्य के व्यामोह से बचा जा सकता है। शोध संपृक्त नक़्शे उपमहाद्वीपों की भीतरी सीमा रेखाओं को नया कर जाते हैं। दिक्काली आयाम उभारने में नये द्वीप बन जाते हैं। प्राकृतिक भूगोल की गुणवत्ता बदल जाती है तथा बदल जाता है पूरे चश्मे का पावर!

एक-एक शब्द। एक-एक नाम। एक-एक काम सुना अजाना, निर्गन्ध नाम खुशबू फैलाने को आतुर है। उलझिए न! मलय से!! अनिल से! खुद बखुद तैरने लगेगी गंधे! और देवता, काल देवता भी तो गंधवह ही होते है न! इति ह आस!

यथा बेनिन। या फिर 'अ से कुन्दा' प्रथम भाग।

माध्यमिक विद्यालय के प्रधानाचार्य अक्सर किसी बच्चे को शब्दसागर लाने को भेज देते थे। रामाश्रय राउत जी को शब्द का अर्थकोश से बताने के लिए यह मशक्कत करनी पड़ती थी। दो बातें शायद स्पष्ट करना चाहते थे। शब्दकोश कई खण्डों में था। तथा शब्द के लिए कोश देखना चाहिए। शायद आज वे पढ़ाते तो गूगल का नक्शा भी अवश्य दिखाते। एक महत्त्वपूर्ण पाठन सामग्री बताता हूँ किन्तु बाद में! अस्तु! यहाँ पश्चिम अफ्रीका के अन्तर्देशीय व्यापार के लिए अल्लादा, बेनिन तथा क्वाक्वा (Allada, Benin or Qua qua) को बताना ध्येय है। देखें 'फैला है जी फैला है' का दस पेजिया टेबल।

अफ्रीका के कवि कई हैं। अनुदित हैं। गुणानुवादित हैं।

कुछ पत्राचार प्रकाशित हुए है। तीन जिल्दों में रॉयल अफ्रीकन कम्पनी के लोकल पत्राचार। 1681 से 1683 के 'द इंगलिश वेस्ट अफ्रीका'।

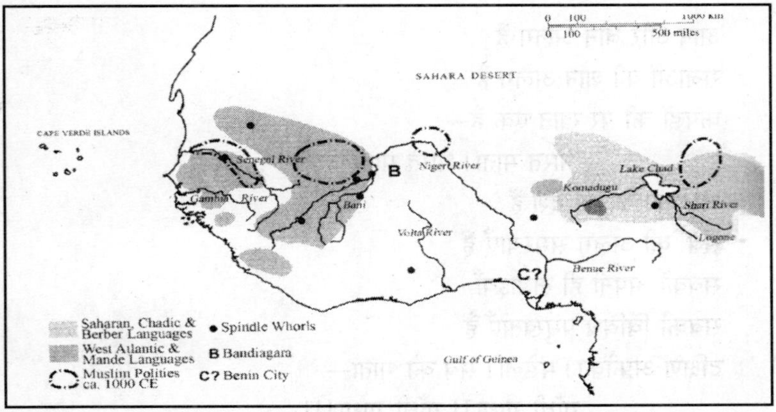


Map. 2. Centres of cotton textile production in West Africa, c. 1000-1500

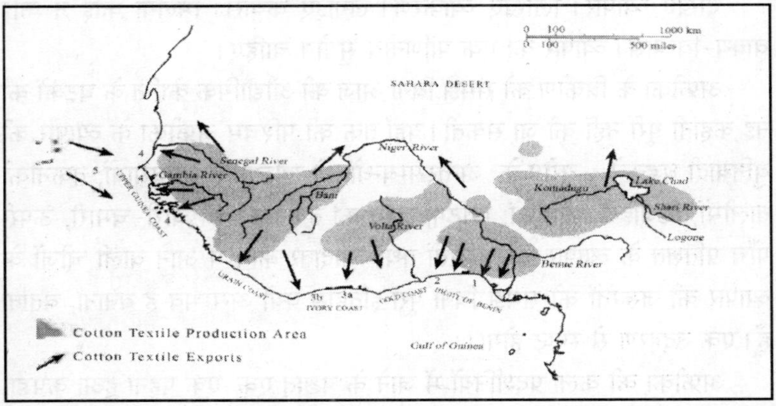


Map. 3. General areas of cotton textile production and cotton textile exports in West Africa during the Guiner trade, seventeenth and eighteenth centuries.

पुस्तक में जिक्र है क्या आता जाता था। गोल्ड कोस्ट तथा बाइट ऑफ बेनिन में लंदन से भारतीय सूत और ऊन की 23 चीजें आती थीं। अँग्रजी चीजों की संख्या है दस। वे हैं ऊनी तथा लिनेन। सभी देशों में अलग - अलग चीजें चलती थीं। कहीं कुछ। कहीं कुछ। डिटेल बताऊँ। एक और उदाहरण देता हूँ— 'कॉलीन क्रिगर का।

तो अफ्रीकी रंग और पहचान अलग है

आन और बान अलग है
राजाओं की शान अलग है
कपड़ों की पर खान एक है—
भारत माता! भारत माता
अफ्रीका के कई देश हैं
सब की अलग समस्याएँ हैं
सबकी अपनी ही लड़ाइयाँ
सबकी विविध प्रमुखताएँ है
दक्षिण अफ्रीका। मंडेला! सब को भाता—
गाँधी गाथा!! गाँधी गाथा!!!

देखिए व्यापार। लिखिए व्याकरण। लगाइए कयास। मिलेगा कोई न कोई वाक्य-विन्यास। व्यापार का एक पाणिनीय सुयोग चाहिए।

अफ्रीका के त्रिकोण को समझे बिना आज की औद्यौगिक क्रान्ति के घटकों की नई कहानी पूरी नहीं की जा सकती। यहाँ तक की पश्चिम अफ्रीका के व्यापार की बुनियादी घड़कनें - यूरोप के अन्तस्सम्बन्धों को खोलती हैं, व्यवसायों, तकनीकी तालीमों, डिजाइनों, मोटिफों, प्रिटिंग, डाईंग की तकनीकों की चोरी-चमारी, ऊपरी पाँच प्रतिशत के व्यापार की जरूरतों तथा ज्यादातर काम में आने वाली चीजों के व्यापार की जरूरतों को समझे बिना पूरा इतिहास क्यों असम्भव है बनाना, बताता हूँ। एक उद्हरण से स्पष्ट होगा।

अफ्रीका की कला प्रदर्शनियों में जाने के पश्चात् एक-एक पहना हुआ कपड़ा, एक-एक नये युवा की छाती पर का प्रिंट कुछ ज्यादा समझाने लगा है। एक नयी समझ, जो इतिहास बिना पढ़े गहरी नहीं हो पाती, विस्तार पाने लगी है। अफ्रीकी तथा भारतीय उपमहाद्वीप इस इतिहास के लिखते-लिखते, लिखे जाते-जाते, लिखे जाने के क्रम में, टेक्टोनिकली नहीं तो, टेक्सटाइलीय रूप से करीब आते लग रहे हैं।

## ये जापानी गुड़िया
## जादू की है पुड़िया

जापान का क्या?

बन्द ही हो गया था न 1667 के अधिनियम (एडिक्ट) से सारा विदेशी

व्यापार। तो क्या सूत, क्या कपास!

पर नहीं, वी.ओ.सी. के, भारत और चीन का व्यापार चला है। तथा जापानी कपड़ों पर भारतीय प्रभाव स्पष्ट है। कैसे? बताता हूँ।

हाँ भारत से सूत भी जाता था, रूई भी। तथा प्रभावी डिजाइन से ले कर प्रिंटिंग की तकनीकों पर है ही। विशेष के लिए देखें 'द स्पिनिंग वर्ल्ड' के दो जापान से सम्बन्धित लेख, फुजिता कायोको एवम् मासायूकी तानीमोटो के।

## अंकोरवाट से चम्पा वियतनाम तक।

म्याँमार में भी बौद्धों के लिए चीवर की माँग को कैसे पूरा करेंगे? डच ईस्ट इंडिया कम्पनी पहले कपड़े भी लाती थी, फिर सूत भी।

जावा का बाटिक पुराना है तथा भारत के कपड़ों को अच्छी पछाड़ दे सकता था। कहा जाता है कि 1652–1703 में टब्ब् द्वारा लाये गये कपड़ों का व्यापार घट गया था। क्यों? इंडोनेशियन कपड़े की कीमत थी एक चौथाई। पर कम भले ही सही, 70,000 कपड़ों के टुकड़े भारतीय होते थे, जावा, मदुरा से 13,000। तथा 6,000 वाली से।

तो यह तो चला ही आ रहा है युग–युग से। दसवीं सदी से जावा में बाटिक के लिए सूतों का रंगना जारी रहा है। इन सबकी कहानी है 'एक लोहा' में।

अफ्रीका का पूर्वी तट तो गुजरात से जुड़ा था ही। कोरोमंडल एवं बंगाल के अलावा गुजरात भी दक्षिण–पूर्व एशिया में अपनी चीजें भेजता रहा है।

सहस्रनाम अवश्य ही भक्तिकाल के पूर्व में नहीं आ पाया होगा द्राविड़् संयोग, पुनर्योग से, उत्तर में स्थापित होते होते भी विष्णु सहस्रनाम को समय लगा है। फिर सूत की साहस्त्री नयी इक्कीसवीं सदी में अपनी टीका, अपना वार्तिक, अपना भाष्य रच लेगी— इस विश्वास से सूतौवाच का सत्र यज्ञ आप सब को समर्पित है। यजमान कोई भी हो, अध्वर्यु, होता, उद्गाता कहीं के भी हों; पुण्य लोक में आप सबका योगदान होगा। आरती–कीर्तन— घड़ी–घंटा ध्वनि के संग।

हर एक शब्द का शील है, पुराना इतिहास है, उससे उसे विच्छिन्न नहीं किया जा सकता। पुराण, इतिहास के शब्दों की गुणवत्ता, सार्थकता स्वयंसिद्ध है। घुस करके देखिए। नाच उठिएगा!

अंग–अनंग से राग–रंग तक मीठी भी है, मजीठी भी। कालिदास तक भक्तमाल में शामिल होने आये हैं। उठिए, गाइए, झूमिए तथा इतने बड़े घेरे के घाघरे को सिलने

के पहले छपने का आनन्द लीजिए। शायद आज भी रँगरेज कहीं नया रंग घोंट/ घोड़ रहा है। नये चित्र उकेर रहा है। हाँ, हाँ कपड़ों पर भी, पटुआ पर भी, कथाएँ कह रहा है, नई सम्भावनाएँ प्रगट कर रहा है।

संस्कृत शब्दों, पदों, वाक्यांशों, उद्धरणों के लिए मैं कोई क्षमा नहीं माँगता। क्योंकि अन्य भारतीय भाषाओं में सस्कृत के शब्द जितने ज्यादा उपयोग में आते है, वही भारत की शक्ति है, इतिहास है, परम्परा है। उसे यूँ ही गँवा देना हिन्दी का अपमान होगा, हिन्दी पट्टी की सहिष्णुता तथा बहुद्देशीयता का अपमान होगा। हाँ, देशज शब्दों को, भूले-बिसरे शब्दों, मुहावरों, परिप्रेक्ष्यों को नयी चमक देने की धृष्टता की है  पर मजा तो खट्टी-मीठी गोली में ही ज्यादा आता है न चटोरी चाट में तो वैविध्य का ही न आनन्द है, मसालों के केवल तीखेपन थोड़े ही न सब कुछ देते हैं! पूरे हिन्द महासागर के खानपान में समरसता है, एक रूपता है, वैविध्य का सागर है—घूम-घूम कर देखिए न! तटवर्ती देशों का अपना अलग इतिहास है, क्विजीन (cuisine) का, रसोई का, 'क्या डालना है क्या नहीं का' विधि/निषेध का, सब मिल कर ही मजा देते हैं। निषेध से तो लौंग थोड़े ही न पायसम् में डालेंगे पर कई देश चाव से डालते हैं। क्यों?

मिजाज अलग है। कपड़ा फिर एक जैसा क्यों? एक  ही मोटिफ के कैसे इतने दूर देशों में स्वीकृत हो पाए—प्रश्न मन को चुभता है। उत्तर आसान थोड़े ही है न!

तब तक घर की बात। आधुनिक मलयालम उपन्यासकार आनन्द ने बताया था कि उनकी रसोई में उन मसालों को वो स्थान नहीं प्राप्त है, जिनके व्यापार के लिए केरल विख्यात रहा है— पहली बार सुना तो आश्चर्य लगा। किन्तु यह भी बताया गया कि इधर पच्चीस-तीस सालों में, केरल के भीतरी इलाकों  की रसोई में वो मसाले प्रवेश पा गये हैं— वह भी  पंजाबी, तन्दूरी इत्यादि की बदौलत। तो रसों, गन्धों, स्वादों की ज्योग्राफी; जिह्वा के छब्बीस खंडों का— मूल से तालु तथा कंठ तक शब्द तथा अक्षर ही  नहीं विरमते, कई और चीजें विश्राम पाती हैं और सुखपूर्वक शयन करती हैं। इति सागर कथा। महासागरे! प्रणाम हो! सुनाम हो!! महान हो!!!

1. *इम्पायर : द राइज ऐंड डिमाइस ऑफ ब्रिटिश वर्ल्ड आर्डर, ऐंड द नेशन्स फॉर ग्लोबल पॉवर : नियाल फर्युसन 2004*
2. *इम्पायर: स्टिफन होवी, ऑक्सफोर्ड 2002*

णाणं पयासयं

वीर नि.सं. 2470

ई.सन् 1944

भारतीय ज्ञानपीठ